pour Carmen

La poésie Acadienne
1948 - 1988

*où le frisson du poème
traverse notre langue,*

Avec toute mon amitié,

Gérald

*08 sept. 88
Moncton*

Les Écrits des Forges, Fondés par Gatien
Lapointe, existent grâce à la collaboration
de l'Université du Québec
à Trois-Rivières

Le ministère des Affaires culturelles et
le Conseil des Arts ont aidé à la
publication de cet ouvrage.

Distribution

En librairie:
Diffusion Prologue
2975, rue Sartelon
Saint-Laurent, H4R 1E6
(514) 332-5860

Autres:
Diffusion Collective Radisson
C.P. 500
Trois-Rivières, G9A 5H7
(819) 376-5059

ISBN
Écrits des Forges: 2 - 89046 - 134 - 3
et ISBN
Le Castor Astral: 2 - 8590 - 140 - 8

Dépôt légal / Deuxième trimestre 1988
BNQ et BNC

Gérald Leblanc / Claude Beausoleil

La poésie Acadienne
1948 - 1988

Écrits des Forges / Le Castor Astral

Poésie d'Acadie
EN VERSION ORIGINALE

*"La nuit n'a pas d'ombre.
L'horizon est sans voile."*
                    Eddy Boudreau

UN PAYS AFFECTIF

La poésie a toujours à faire avec l'histoire puisqu'elle tente par son langage une traversée du temps. Il y a dans le poème un point de vue sur la réalité qui consiste à condenser l'essentiel d'une parole, se ramifiant en suggestions de significations par l'acte de lecture, complément à celui de l'écriture. Ce que cherche le poème c'est l'autre, l'absent, sans lequel le langage est rendu à son néant. Et c'est par l'imagination de cet absent idéal et concret que le poème devient dialogue absolu.

En Acadie, la poésie est une affaire de territoire. Son langage porte dans ses trouées et ses affirmations, tout le discours d'une réalité fuyante. Le poème devient lien du monde, ancrage, réel et fictif, solidaire du silence imposé de l'extérieur à ce territoire flottant, disséminé au Nouveau-Brunswick, en Nouvelle-Écosse et à l'Île-du-Prince-Édouard, au coeur toujours pourtant d'un mot plus englobant, nié mais omniprésent: Acadie. Dans cette dérive des référents, le poème incarne les routes possibles, puisque comme l'écrit Gérald Leblanc, "L'Acadie chaude s'écarte d'un discours linéaire."

L'histoire de l'Acadie est tragique, unique. La Déportation de 1755, nommée aussi "le Grand dérangement", a laissé des traces. Mémoire et douleur, dispersion et errance, sont à tout jamais des moteurs de cette poésie qui s'écrit en français, au Nord des États-Unis, à l'Est du Qué-

7

bec, au bord de l'Atlantique aux flots balisant, flux et reflux, une façon d'être et d'écrire dans cette mouvance des pistes, ouverte par l'océan entre l'histoire d'une défaite et la conquête inventive d'un secret cheminement fait d'endurance, d'intelligence et d'une capacité à ruser, toute langue au vent du large, mots caméléons inversant le silence dans le cri du poème.

Dans **Cri de Terre (1972),** Raymond Leblanc fait un bilan: "Je suis acadien / Ce qui signifie / Multiplié fourré dispersé acheté aliéné vendu révolté / Homme déchiré vers l'avenir". Ce que l'Histoire a tu, le poème le dira avec ses lucidités, ses états de crise, courbes internes d'une tension entre l'identité et le paraître, tournée dans les mots et la forme du poème empruntant au quotidien et à cette histoire niante, la force de transgresser les manques.

En ce sens, je pourrais dire, que la poésie acadienne cherche l'autre, le lecteur son frère, à travers l'envers de l'histoire qui la forçait - du moins sa source, la vie et la culture de cette collectivité francophone - au silence, annulant corps et langue, "déportant" ses racines, son imaginaire et ses réseaux humains. Nomade, l'errance est aussi une façon d'exister, la poésie est revenue dans la marge de l'Histoire pour inscrire l'aventure brisée, cahotique, espérante, de cette collectivité culturelle que l'on nomme Acadie et dont le nom n'existe que dans la vie pratique et la poésie, puisque aucun territoire géo-politique n'a redonné à lire à ce mot. Et c'est cette transposition d'une réalité vécue et à la fois niée, à un imaginaire affirmant le contraire qui fait une des dynamiques de cette jeune poésie de langue française, issue de son désir de langue qui dans ces circonstances historiques est porteur d'une énergie englobant tous les investissements de l'individu et du groupe. Langue devenue vorace parce que contrainte, le français d'Acadie est un corps meurtri par ses expériences violentes mais à la fois, corps protégé par la stratégie nécessaire qu'il a dû tisser au jour le jour dans une symbiose entre langue et vie dont les retombées sont complexes. Si la poésie acadienne n'est pas que réponse convulsive à cet arrêt de mort prononcé de l'extérieur sur son matériau - langue française et culture acadienne - , elle a en elle les épines et les blessures de cette coupure, vestige de son Histoire.

Il y a une fascination pour le récit, le narratif, dans la poésie acadienne. Un récit brisé, porté souvent par des effusions baroques (D. Léger, L. Comeau, R. Després, G. Leblanc, A. Cloutier) dans lesquelles rêve et réalité se confondent, liés au mouvement d'une phrase à la syntaxe bouleversée. Cette attirance pour le récit révèle dans des micro-histoires personnelles, cet autre tu, de l'Histoire inénarrable. Le rôle de la fiction devient ici celui d'un catalyseur. Le poème ou le texte, supplément en quelque sorte, à la trame officielle, retenant dans ses bribes, la saga morcelée, racontant, nommant, les figures d'une incarnation! Ces petites histoires retissent la grande, redonnant corps au référent, deviennent complètes, comme dans **Ma soeur est dans la lune** de Louis Comeau où l'intime (le familial) s'ouvre, démesuré, sur le social et même le cosmique (la lune), "comme les graines de plantes sauvages" "dans la voie lactée", le texte devenu permission d'imaginer le Tout à partir du détail.

C'est Herménégilde Chiasson qui dit que "l'Acadie est un pays affectif". Dans cette fiction, les mots imaginent un devenir fait de séquelles et des heurts de ces conditions originelles. Si l'Acadie s'impose sans aucun doute lorsque l'on lit des livres acadiens, écoute les chansons (Édith Butler, Angèle Arsenault, 1755), voit des films (**Toutes les photos finissent par se ressembler** d'Herménégilde Chiasson), des pièces de théâtre (**La Sagouine** d'Antonine Maillet) ou encore traversons (en voyage) ses villes et ses villages, il y a un niveau possible où cela bascule, au hasard, instant tremblant, dans l'irréel, la fiction redevenue peur au lieu même d'avant la création, langue et corps soudainement ailleurs, à nouveau déportés. Ce sentiment je l'ai

9

souvent éprouvé dans une ville comme Moncton. Discutant avec des poètes acadiens, de poésie, de projets culturels etc... par une intrusion du réel, une langue autre, un regard créant la différence, une affiche agressivement sûre d'elle-même, l'Acadie redevenait fictive, immensité **légère** (c'est de cette façon qu'il faut prononcer le nom de cette jeune écrivaine marquante de la nouvelle littérature d'Acadie - Dyane Léger -), livrée à la mer: rêve, subconscient, idéal, réserve inépuisable, fuite, naufrage, répétition.

* * *

> *"Le soir, quand on habite une dimension aussi floue que l'Amérique, on voudrait que le late show dure toute la nuit et que le mot fin n'apparaisse jamais à la fin du happy end, quand les héros s'embrassent et qu'on angoisse dans les salons."*
> Herménégilde Chiasson
> Gérald Leblanc

LES CODES DE LA RUSE

L'Acadie n'est pas une culture exilée de l'Europe, elle est l'origine de l'Amérique en exil d'elle-même. Mais qu'est-ce qui se passe dans ces signes de déroute, à la fois critiques, comme s'observant, et hésitants face à une fixation de traits caractéristiques? L'Acadie est d'Amérique. Sa musique, ses ruptures, le disent, d'une Amérique planant du Nord au Sud, verticale; d'Edmundston à Caraquet, de Moncton à Lafayette, Bâton Rouge, de la Louisiane à Port-Royal, à Grand-Pré. Maintenant que les autoroutes et les centres-d'achats uniformisent l'image de cet espace américain, l'Acadie, elle, s'écrit dans un souffle français, fracassée, tenace comme un **blues,** une lamentation. L'Acadie est la poésie de l'Amérique en ce qu'elle est **hors temps.** Passé, présent, futur, s'y engouffrent et s'y perdent. L'Acadie est le seul territoire d'Amérique à demeurer un mythe. Ce dont elle se rapproche le plus c'est des territoires amérindiens d'avant les colonisations, dont les noms sont parfois évoqués, sûrement vécus par les Amérindiens, mais comme participant d'un état légendaire. L'Acadie tient sa grandeur de cette réalité farouche par laquelle elle échappe au développement stéréotypé des autres dimensions de l'Amérique. Et si le mode de vie en Acadie est américanisé, suit le rythme contemporain, quelque part il y a une dérobade des signes montrant une énergie différente. Cela, la poésie le dit: incantatoire, d'un réalisme souvent halluciné, imaginée de chants entre les mélopées et les brisures. Il faut imaginer l'Acadie éternelle.

La poésie acadienne se fait volontiers shamane, répétant les règles anciennes amplifiées par les techniques modernes. Il y a un courant qui passe dans ces **Sorcières de vent,** ces **Prophéties** ou **Requiem en saule pleureur.** La magie est invoquée, présente. Les titres ne craignent pas le mystère comme dans **L'Hara-Kiri de Santa-Gougouna,** ni les fées, ni le fantastique. C'est comme si cette poésie recréait sans cesse les conditions d'un projet unissant parole et changement, individu et cosmos. Eddy Boudreau écrit dans **Crépuscule:** "Ce soir, j'ai le don d'ubiquité:/je plane comme une âme, je rampe sous la fleur; / m'éloignant de la terre, je n'ai plus d'horizon", et dans **Fresque champêtre,** dans les années 40: "Je vois le monde cheminer dans l'impasse." Cette conscience de la précarité de la vie humaine dans l'ensemble des conditions de déséquilibre dans lequel l'homme du XXième siècle évolue, la poésie acadienne y est souvent sensible et élabore des images tenant compte du nucléaire, de la menace, du volatil qu'est la vie. Daniel Dugas dans **Les bibelots de Tungstène** dira:"Nous sommes tous alignés le dos au mur et les taches de sang sont encore / en nous / Nous voilà arrivés au bout du monde et les mains qui nous touchent / sont encore plus chaudes".

Les soirées de lectures de poésie ont été importantes dans les années 70 et 80, dans la prise de conscience d'une communauté d'aspirations et dans l'exploration d'une stylistique, volontiers anaphorique et incluant dans les éclatements de son discours, le langage parlé, comme si le poème devenait le centre de nouveaux échanges, pointant cet "horizon" que le poète Eddy Boudreau, dans sa douloureuse expérience de la poésie, évoquait comme étant "sans voile". La poésie d'Acadie est née de l'oralité, des complaintes et des histoires des "amis rassemblés et des contes du soir" dont se souvient Joséphine Duguay. C'est par la langue commune, proférée, écoutée, que le partage s'opère et en cela, le poème est rendu à son rôle originel d'exorcisme et de catharsis. Origine, fête, rituel, sont dans un corps à corps avec le poème devenu parole vivante, hors du livre, investissant d'autres lieux pour faire entendre les urgences qu'il contient. Le poème se fait théâtre, offrande, performance - genre auquel la nouvelle poésie acadienne s'est adonnée avec une proposition d'hybridité montrant bien le désir de communiquer dans une totalité, la ferveur du poème -. Gravité, emportement, mixture de sons et d'images donnent à cette poésie devenue spectacle une sorte de densité due à l'osmose s'opérant entre poème, poète et spectateur.

* * *

"nous porterons à nos lèvres le goût de l'autre"

Martin Pitre

LES ORIGINES D'UNE MODERNITÉ

C'est dans les années 40 que la poésie acadienne se manifeste à travers les publications d'Eddy Boudreau et Napoléon Landry. Un laïc, un prêtre, et c'est à travers leurs

12

poèmes exaltant ou la douleur ou la foi, l'un dans les retours intimistes, l'autre par des exhortations à l'Acadie où dans une stylistique échevelée, il posera les germes de ce que le nationalisme des années 70, explorera d'une manière plus contemporaine. Napoléon Landry lançait dans des alexandrins flamboyants ce que la poésie de Léonard Forest ou le **Cri de Terre** de Raymond Leblanc incarneront dans l'Acadie aux prises avec les problèmes économico-sociaux de temps plus actuels. Posant lui-même la question, "Notre Société défendra-t-elle sa langue?", Napoléon Landry répond par d'autres questions et des exclamations toutes empreintes d'élans nationalistes dont l'écho, différemment, se fera entendre dans plusieurs recueils de la nouvelle poésie acadienne: "Dans la confusion de la cité moderne, / Irons-nous renier le verbe des anciens? / De ce passé de gloire allons-nous mettre en berne / Le cher drapeau? Briserons-nous tous ces liens / Qui rattachent notre âme à l'âme des ancêtres? / - Ah! non, les Acadiens ne seront pas des traîtres!" Eddy Boudreau, lui, écrira: "J'écoute soupirer la terre et murmurer les cieux", aussi, "Le charme disparaît quand viennent les ténèbres." Et c'est un coeur torturé qui plonge dans sa misère de vivre, gardant devant la nature une certaine faculté d'émerveillement. C'est avec Eddy Boudreau que naîtra, également dans les années 40, la poésie de l'intime, du "je", de la découverte de l'individu face à sa destinée faite de vicissitudes du temps qui passe ("Au sein d'un paysage agreste repose ma douleur"). Cet axe intimiste amènera plus tard des poèmes comme ceux de Ronald Després, Roméo Savoie ou encore ceux de Martin Pitre et France Daigle, dans lesquels le monde de la vie intime, des sensations, du détail amoureux, pourra prendre place à côté des envolées plus lyriques de la poésie à tendance sociale. Si l'écriture des poèmes d'Eddy Boudreau et de Napoléon Landry n'est pas une écriture bousculant les règles traditionnelles de la prosodie, elle n'en contient pas moins les caractéristiques principales que les modernes qui viendront reprendront en expérimentant davantage les avenues du poème. Nationalisme, lyrisme, intimisme, demeurent des questions très présentes dans la production poétique récente. Un livre comme **Mourir à Scoudouc** d'Herménégilde Chiasson est intéressant par la synthèse qu'il propose de ces voix dont il joue avec ampleur donnant à la poésie acadienne une tonalité tout à fait particulière. Le poème, **Eugénie Melanson**, instaure une circulation d'images et de significations, entre l'intime et le collectif et c'est dans le passé que cette unité triomphe, que le rythme et l'écriture du poème par son utilisation d'un référent photographique donnent un tableau moderne d'une Acadie réactualisant sa mémoire dans des formes répétitives, scandant le retour de l'Histoire dans une histoire individuée, microcosme de l'autre, celle du social: "Ni les drapeaux tricolores / Ni les amours perdues / Ni les amours permises, encore / N'auront fait pâlir ta beauté, Eugénie Melanson / Toi dont la photo traversa les années / Pour me faire signe / Un après-midi de juin, quand le ciel était trop bleu et que le soleil descendait trop bas / dans un pays qui ne pouvait plus être le mien."

Le film, **Toutes les photos finissent par se ressembler** (ONF, 1986) d'Herménégilde Chiasson, retrace les débuts de la poésie acadienne moderne et c'est souvent à partir de lectures et d'interventions publiques que l'histoire de cette poésie est narrée, incluse d'ailleurs dans une autre histoire, une fiction, devenue métaphore de la poursuite du travail. Une jeune fille voulant devenir écrivain, vient demander conseil à son père, écrivain acadien qui lui supposément, écrit peu. Ce jeune père, biologique et culturel, racontera alors l'histoire d'une autre naissance, celle de l'Acadie moderne à travers des signes socio-culturels (nationalisme, fondation de l'Association des écrivains acadiens, lancements de livres de poèmes, soirées de poésie - en Acadie, à Beaubourg - origine de la langue dans un musée moderne! -), des images aussi évoquant sa propre venue à l'écriture. Par ce dialogue aux détours à la fois fictifs et historiques, le mouvement se perpétue, le silence est impossible. L'immobilité de la scène du restaurant, plaque tournante d'où s'organise le récit filmique, est entourée d'indices d'errance: auto, avion, route, mer, bateau entrant au port. La photo est traversée de bleu, les paroles sont une marée dans cet océan mnémonique. Être acadien c'est l'écrire et l'écrire c'est tout dire du silence à la lamentation, du rythme oral aux influences américaines, de la dérive aux pulsions de construire, de l'unité au chaos. **Toutes les photos finissent par se ressembler** puisque le temps et le poème, les rassemblent dans un trait commun de l'irréprochable du désir de vivre et de créer. La modernité interroge le passé récent, les traces neuves profilant la suite sur la ligne du temps. Et les conversations dans ce restaurant de Moncton, incarnent le rituel initiatique de la passation du **pouvoir des mots.**

* * *

> *"L'univers de l'expérience rattrapant celui de la langue"*
> France Daigle

SUR LA ROUTE DU POÈME

L'histoire de la poésie acadienne comme système autonome, ayant ses propres institutions et structures: éditions d'Acadie, éditions Perce Neige, Michel Henry éditeur, revue **Éloïze**, Association des écrivains acadiens, Associations des Trois-Frontières, galeries d'art, cours à l'université, échanges et colloques avec le Québec et l'Europe - numéros spéciaux des revues **Estuaire, Cahiers bleus, 25...** - réseau français de Radio-Canada, prix France-Acadie, Salon du livre d'Edmundston, créations de journaux comme **Le Matin** (Moncton) et **L'Acadie nouvelle** (Caraquet) ayant remplacé **L'Évangéline,** est tellement récente qu'en même temps s'y retrouvent les formes du passé et les laboratoires du présent. En fait à travers ces affirmations culturelles, les années 70, ont été une explosion radicale affirmant l'acadianité. Les poètes ont beaucoup investi dans l'animation et les échanges, montrant une volonté nouvelle de s'inscrire corps et mots dans le lieu à nommer, d'y écrire, publier, critiquer, filmer. L'Acadie s'est de plus en plus reconnue comme centre, mobile mais référentiel, se manifestant directement dans le tissu social et culturel, tout en prenant l'air du large dont le Goncourt d'Antonine Maillet est un des signes.

Cette anthologie présente des textes déjà marquants, de l'evolution de cette jeune poésie. **Je suis Acadien** de Raymond Leblanc, **Eugénie Melanson** d'Herménégilde Chiasson, **La fin des années 70** de Gérald Leblanc, **Poèmes pour une Amérique engloutie** de Léonard Forest, **Tableau de back yard** de Guy Arsenault, côtoient des textes publiés en revue, comme ceux de Louis Comeau, **Ma soeur est dans la lune (Éloïze)**, ou d'Anne Cloutier, **Lettre écrite d'une cabine téléphonique (Estuaire)**. De nombreux poèmes inédits complètent le panorama. Il ne s'agit pas ici de faire des consécrations hâtives, mais bien, plutôt de rendre compte de la manière dont cette poésie s'invente, sur la corde raide, au jour le jour, mémoire du futur. Moderne, cette poésie pratique diverses formes telles qu'on les trouve dans les écritures poétiques publiées au Québec, en Europe ou aux États-Unis. Peut-être à cause justement, de cette position de confluence linguistique et culturelle, y a-t-il un autrement hybride qui opère dans la poésie d'Acadie. Dans ces **lieux transitoires** la poésie entretient avec la réalité des rapports électriques faits de replis, fulgurances et tourments, réinvestissant son continent propre qui est langage en dérive, image, communion, "comme si tout'l monde se connaissait" dans cette recherche, paysage sans cesse réinventé. Le mots du poème sont des rumeurs, parfois des grimaces, qui parlent de l'existence faite de tensions et de contrastes. Les images du **feu** et de l'**eau** sont fréquentes, tout comme cette façon de voir le quotidien sous l'angle de l'étrange, traquant parfois jusqu'au fantasme dans les textes de Louis Comeau et Rose Després. Les choses volent, les maisons brûlent, la réalité est constamment mise en doute. Et parfois pour mieux tolérer l'intolérable, on fait l'inventaire, mais un inventaire vertigineux, comme dans le **Tableau de back yard** de Guy Arsenault qui a donné avec son recueil, **Acadie Rock,** une sorte de forme matricielle à la poésie acadienne qui s'écrira ensuite. C'est à partir de cet inventaire des mots et des mémoires d'enfance, que le langage sera de nouveau possible, alimenté de ces points de repères disant par le rythme hallucinant, les détails infimes recueillant les déchirures originelles, étape cruciale de la formation de l'identité de la poésie acadienne comme langue et imaginaire. Il résulte de cette mixture incantatoire, une parole brute, sonore, délivrant l'écho d'une zone - l'enfance, la mémoire - dont le retour est impossible mais permettant par ce cumul vertigineux de redonner corps au vocabulaire d'une culture à reposséder avec ses mots durs et colorés, brisés au choc du continent, assumés aussi, avec leur force essentielle. Après la publication d'un tel poème en 1972, la poésie acadienne disait, rythmait, sa différence jusqu'à l'excès, jusqu'au malaise: "bosses de maringouin / pelure de banane / bouchon de bouteille / bête à cosse /bois de popsicle / bête à patate / ...comme si tout'l monde se connaissait / ...senteur de chez nous / senteur de mon père /senteur de ma mère / senteur de mon grand-père / senteur de mes soeurs, de mon frère / senteur à moi / senteur de chez nous / comme si tout'l monde se connaissait..." Et à partir de ces litanies, la fête, la mémoire, sont redonnées **en version originale.**

Toute poésie est issue d'un contexte spécifique et si le poème est aventure du langage, cette aventure s'inscrit mot à mot dans la page sociale qui l'imprime de ses caractères distinctifs. La poésie acadienne a à peine 40 ans et travaille à se faire une tradition tenant compte et d'où elle vient et de l'époque dans laquelle elle diffuse sa vision du monde. Comme elle est striée d'autres cultures, son développement dans le magma anglophone ne se fait pas en serre chaude. Et à mon sens ce n'est pas du côté de l'anglicisa-

17

tion alarmiste qu'il faut penser la langue utilisée dans la poésie acadienne moderne mais bien plutôt en termes d'une posture inédite, bricolant dans cette mixture, comme un surplus lié de langue destabilisée et d'une énergie, quelque chose comme de l'essentiel, de mouvant, d'inquiétant aussi mais en osmose avec l'état précaire et viscéral de cette culture transformant, revivifiant les codes linguistiques dans une optique de faire de la langue tout le territoire, c'est-à-dire quelque part une autre fiction en acte de communication. Et cela donne souvent des chants libres, saccagés, au son inattendu, éclaté. La poésie acadienne disperse les règles pour retrouver l'exigence intérieure de dire quand ce n'est plus l'ordre qui établit la route du poème. Bien sûr, que dans cette direction il y a du danger mais aussi et souvent, dans ce risque même, il y a l'expérience de la Beauté.

Claude Beausoleil
Paris, Février 1988

BOUDREAU, Eddy. *(1914 - 1954). Né à Petit Rocher au Nouveau-Brunswick. Il est visité très tôt par la maladie et passe une grande partie de sa vie alité. Il publie deux recueils* **La vie en croix** *(1948) et* **Vers le triomphe** *(1950).*

Fresque Champêtre

Hommage à la J. A. C.

Une ombre soudaine dévaste l'horizon.
Une brume légère, volatile, propage la grisaille.
On dirait la terreur simulée dans l'azur...
Un mystère se profilant qui recèle le désastre...
Car l'infini sans lumière ne livre plus de charme.
Pareil au soir qui formule des adieux
en échos qui traînent pour annoncer l'orage.
Les virtuoses d'un chêne croyant la nuit venue,
s'introduisent dans les feuilles pour entonner des
                              hymnes.
Dans le silence qui roule aux flancs d'un paysage,
je vois le monde cheminer dans l'impasse;
l'homme qui déplore le soleil pour ranimer la vie.
Il n'y a plus de couleurs dans les champs.
nulle volupté parmi les fleurs;
pas même une abeille au tréfonds des corolles
Le ciel est absent et la terre semble épuisée...
Elle soulève un sein végétal où fermente la douleur.
Dans l'extase de mes pensées,
je vois l'humanité sans le secours des cieux!
Tableau de souffrance et de vaines majestés.
                    *   *   *
"Gerbes de splendeurs qui brillent et s'effacent."

Le soir est venu. Il n'y eut pas d'orage.
Le couchant merveilleux a délogé les ombres.

19

L'astre qui scintille a vaincu les ténèbres.
L'aile se déploie à l'espoir du temps;
"La vie est un perpétuel recommencement."

*

DÉPOUILLEMENT

À Charles E. Harpe
de la Société des Écrivains

Novembre a commencé son oeuvre:
une oeuvre de dépouillement.
Je viens d'entendre sangloter la campagne...
Elle frissonnait éperdument,
inquiète des préludes hivernaux.
J'ai remarqué mille choses qui vont périr...
Et la nature était triste;
triste comme ses arbres pleurant de beauté!
Ses grands arbres aux formes diverses;
ils étaient sans couleurs, sans feuillages, sans oiseaux!
Après avoir suscité le rêve, ils criaient de nostalgie...
Après avoir logé les virtuoses de la trille,
ils étaient seuls infiniment!
Oh! quelques feuilles jaunies, crispées,
mordues par la rafale,
persistaient comme un témoignage de fidélité
où naguère s'érigeait le foyer des branches.
Nous passions, et le décor quittait la route.
Derrière nous cependant,
il revenait à la poussière.
- Présage du dénuement des hommes -.
Quelle image, quelle ressemblance!
Quelle splendeur en cette phase d'écroulement!

Automne, grandeur et décrépitude!
J'ai perçu des bruits divers...
Surtout le cri des branches médusées par la brise.
J'ai regardé les champs couleur de rouille.
J'ai vu des hommes déchirer la terre.
Et ce dénuement transperça mon âme...
J'ai cru voir toute la souffrance humaine...

*

LANDRY, Napoléon. *(1884 - 1956). Curé à Ste-Marie-de-Kent au Nouveau-Brunswick, le père Napoléon Landry se fait le chantre d'une Acadie qu'il voulait triomphante et immortelle dans un souffle épique et chrétien. Il reçoit le grand prix de l'Académie française en 1955.*

6ième DISCOURS

Monsieur le Président:

Monsieur, dites-nous un mot de l'Histoire?

L'Histoire, au jour le jour, suit la marche du monde,
Poursuit, de ses chercheurs, les détours du Passé,
Sur le présent s'incline, et soucieuse sonde,
Du regard, l'avenir. Sans jamais se lasser,
Son oeil profond domine et le Temps et l'Espace.
Elle se plaît, sans bruit, à recueillir les faits,
Dans l'évolution lente de ce qui se passe,
Et même de juger la cause à ses effets.
Sur le riant berceau d'un peuple. Elle se penche:
C'est Homère inscrivant, au pied de ses autels,
Des héros les combats, où des dieux la revanche,
Sur son feuillet d'argent, d'un burin immortel.

*

7ième DISCOURS

M. le Président:

Monsieur, dites-nous un mot de notre Histoire?

Ne devons-nous donc pas connaître notre histoire?
N'a-t-elle pas laissé sur tout ce continent
Le long rayonnement de son passé de gloire?

22

Messieurs, rappelez-vous ce fait plus qu'étonnant:
Port-Royal recevait cent trente-cinq familles,
Il y a trois cents ans, sur ses penchants si beaux;
Déjà, sous le regard de Dieu, ses fils, ses filles,
Parsèment les hauteurs de villages nouveaux;
Leurs clochers, en plein ciel, jalonnent la presqu'île.
Malgré tant de combats, en un siècle et demi,
Toujours leur nombre augmente. Ils sont déjà dix
                                    mille.
Dix mille Acadiens! - horreur de l'ennemi -
Le pays tout entier de leurs refrains s'anime;
La Baie-Française chante, en berçant sur ses eaux,
Cent flottilles. L'espoir exalte chaque cime.
Un empire s'ébauche au murmure des flots!

*

8ième DISCOURS

M. le Président:

Notre Société défendra-t-elle sa langue?

Dans la confusion de la cité moderne,
Irons-nous renier le verbe des anciens?
De ce passé de gloire allons mettre en berne
Le cher drapeau? Briserons-nous tous ces liens
Qui rattachent notre âme à l'âme des ancêtres?
- Ah! non, les Acadiens ne seront pas des traîtres!

*

DUGUAY, Joséphine *(1896 - 1981). Pendant près d'un demi-siècle, elle livre au journal l'***Évangéline*** ses écrits, surtout en poésie. Cette poésie aux formes variées, mais avec rimes et mesures, se révèle avant tout amoureuse de la nature et en quelque sorte près du peuple, ses vers étant à la portée de tous.*

REGRETS

Je n'ai jamais connu ton village, Grand-Pré,
Ton fleuve caressant, tes vallons, ta prairie;
Ni les riches reflets de l'horizon pourpré
Déroulant sur tes bois sa longue draperie
Je n'ai pu contempler la beauté de tes champs,
M'endormir aux refrains des petites bergères;
Je n'ai jamais couru sur tes sables mouvants,
Ni monter tes radeaux faits d'écorces légères.

Comme j'aurais aimé tes prés couverts de lin,
Les bruyants groupements quand venait le broyage;
La chanson du métier, celle du vieux moulin,
Et le commun ruisseau pour le jour du lavage;
Les amis rassemblés et les contes du soir,
Le joyeux réveillon, la bûche flamboyante;
Grand-mère souriant devant le dévidoir,
Tes plaisirs sans reproche, ô jeunesse riante!

J'ai grandi loin de toi, mais pourtant dans mon coeur,
Je garde le parfum de la patrie absente;
Je porte le secret qui t'a valu l'honneur,
Rien ne peut me ravir cette joie innocente;
Souvenirs d'autrefois, rendez à nos berceaux,
La fierté, la vertu, puissance d'une race!
Éloignez le danger, rallumez les flambeaux,
Protégez l'avenir que le monde menace.

DESPRÉS, Ronald. *Né le 7 novembre 1935 à Lewis-ville, banlieue de Moncton. Il débute comme journaliste à* **l'Évangéline** *et ensuite devient traducteur à Ottawa. Il a publié entre 1958 et 1968 trois recueils de poésie dont un choix est paru aux Éditions d'Acadie en 1974 sous le titre de* **Paysage en contrebande... à la frontière du songe.**

FAUNE SANS PRÉLUDE

Les pores de ta peau sont une savante géographie
Dont j'étudie, ravi, l'obscur manuel
En feuilletant des pages qui bruissent sous mes sens.

L'air salin de tes océans me hurle dans le sang
Ta houle me grise et me ballotte
M'agglutine sans merci au délire de tes pôles.

Ton littoral se déploie en un serpent de sable
Perfide, langoureux
Et tes dunes tissent patiemment les filets de soleil
Qui traversent et dissolvent l'écran de ma chair offerte.

Ah que d'écueils on a posés dans les rades qui te
                                        protègent
Que de sémaphores trompeurs
Et d'où viennent ces grandes îles vertes
Qui chavirent
Au battement feutré de tes cils?

Voici le chapitre des fleuves et des rivières
Ta main impudique m'en dessine l'embouchure
Et toute cette eau qui gicle comme un beau fruit
                                        limpide
Vient irriguer mes lèvres confondues à tes rives.

Ma main oscille sur le versant de ton sein
Soumise au caprice de tes moindres courants
Dans un tourbillon de marais, de moraine et de glaise
D'étranges déclivités forcent mes derniers barrages.

Après tant de tendresse traversée au galop
Tant de douleur liée à ce seul frisson
Après tant de savanes, tant de prairies
Et de forêts multicolores.

Je referme le livre de ton corps apaisé
Je repousse le globe
Pour retrouver le sommeil sans fond
Du faune sans prélude que je suis.

*

JE SUIS DESCENDU POUR TOI

Je suis descendu pour toi aux enfers des rythmes
                                saccadés
Raison et logique sont des roses fanées
Je ne danse plus les tangos oubliés
Je rampe sur les ondes de mes rêves repliés.

Tambours, saxophones, orgues crissantes
Cymbales en débâcle de sons
Me sucent le sang au compte-goutte des syncopes
Et je n'ai même plus
Le sérum de tes yeux dans ma gorge.

Je traîne mes boulets de désespoir
De néon en néon, de crinoline en crinoline
Cherchant à travers les herbes des blues

Le reptile parfait auquel j'aspire:

Ton corps -

Oubliant qu'il gît
Comme un cadavre en eau limpide.

*

GUET-APENS DE LUMIÈRE

Front de tempête, mains d'orage
Tu te diluais dans mes songes
Comme une voie lactée lointaine et gémissante
Et je chérissais dans tes yeux
Les remous de verte apocalypse.

Tu n'avais qu'à étendre le bras
Pour incendier la rue sous les réverbères
Faire gicler la ville sous le vent
Et la réminiscence des comètes de joie
Dans mes jours creusés au socle de tes paumes.

Quand je me penchais sur toi
Avec du sommeil plein la bouche
Ton visage se transformait
En un guet-apens de lumière.

Et déjà je savais
Que nos flambeaux allaient se toucher comme des
      coupes.

*

LES MAINS

Celles qui s'ouvrent comme des palmes
Celles qui se dérobent au fond des poches
Celles dont on ne voit que l'index qui dénonce
Ou les jointures du poing refermé sur le cri.

Celles qui s'étalent comme des mares
Pour refléter le soleil dans le miroir des cils.

Celles qui cheminent sur des doigts de métal
De la rouille des cassettes à la rouille du tombeau.

Celles qui dressent des monuments de gestes solennels
Sur un socle plus large que le monde
Et plus chaud que le coeur.

Celles qui ont substitué à l'horizon
Leurs lignes tourmentées
Et dont les os constituent les barreaux
De leurs propres geôles.

Celles de l'adieu
Confondues aux cordages et aux ports blafards
Celles aux petits mouchoirs de soie
S'enfonçant dans le sable mouvant de la mémoire.

Les mains rugueuses de l'ouvrier
Celles du vieillard, pourtant ravinées d'espoir
Celles de la femme qui invente des fronts d'enfant
Pour s'y poser gentiment.

Celles qui quêtent la joie sèche des trottoirs
Celles qui pétrissent un creux dans l'oreiller

Et qui agitent et qui se tordent et qui se déchirent
Faïences abandonnées sur l'étal du bonheur.

Les mains osseuses de la faim
Les mains terreuses de la guerre
Les mains étincelantes du bal
Les mains gluantes de la ville.

Et celles du poète
Qui, tous les soirs, libèrent de nouvelles étoiles
Et ouvrent tout grands les volets du songe.

Pour qu'un jour
Toutes mains
Affranchies de leurs mirages de chair
S'envolent comme l'oiseau
Dans une parfaite ferveur de paumes enfin unies.

*

À FORCE DE MYSTÈRE

Nous irons sur une mer non-pareillement belle
Et bleue comme des lèvres de mort.

À force de mystère
Nous ferons coaguler des archipels de sang
Gicler des satellites d'embrun autour de nos bras
                         d'ivoire
Et verser de grands soleils dans le virage de la peur.

Pourquoi les paysages imbriqués dans l'azur
Nous regardent-ils sombrer en ces replis de pierre?
Pourquoi les sapins somptueux de givre

Empruntent-ils la route de nos paumes sèches?

Le lent firmament sera-t-il parvenu
À la mesure de nos ivresses salines
Quand nous aurons troqué nos âmes pour des
méduses?

Et quelle main arrachera les ondines de nos flancs
Et quel cri veillera sur nos sillages fumants
Lorsque nous serons loin...

Lorsque nous giserons
Là où le lointain se calcule en profondeur.

*

CINÉMATO

L'écran de nos rêves...

Perspective rivée à un mur sans fin
Mince comme un drap ondoyant dans la brise
Et riche de baisers et riche de caresses...
Terre promise érigée sur son flanc
Moïse, sa baguette, le rocher et la source
Que le roc détenait en ses mamelles de cuivre
Jaillit boueuse, puis limpide cristal
Désaltère la faim de manne rassasiée
Et la faim du bonheur, et la soif de l'amour
Et l'ennui des ardeurs assouvies dans la honte.

L'écran de nos rêves...
Ignoble projecteur qui ronge nos cheveux
Auréole brisée, réduite en ligne blanche

Comme une aube reposant sur nos têtes passives
Le spectacle, morne spectacle
De cette source qui gicle et abreuve les Hébreux
Alors que nous souffrons, pétris par le soleil
Joués par ce mirage qu'est la vie - et la mer
Bannis par cette faim qui brûle notre gorge
Par ce sable sans mur, ces désirs sans bornes,
Par ce désert conçu sans parfum et sans songe.

L'écran de nos rêves...
Et la toile réceptrice de nos ombres les plus chères
Frappée dans ma surface par le câble de lumière
Qui traverse et ligote la salle haletante
Comme une dalle soutirée au parquet du passé
Raconte les souliers qui l'ont piétinée
Et sa vie de vestale, et les nuits de tourmente,
Et l'écume de sa bouche et les crachats du roi
Et l'image qui sombre et la vie qui prend fin.
Et nos pas dans la neige, dans la pluie, dans les vents,
Qu'accompagnent les ombres, les néants et les jours,
De l'écran de nos rêves.

*

L'AMÉRIQUE AU CHEVET DES CAUCHEMARS

Ici, les yeux de l'espace se sont fanés avec l'ardeur des miroirs. Ici, le coeur solennel n'en finit pas de rompre ses lumières.

Caravane irréductible, les flots déboisés du rêve sont venus se blottir à la falaise de nos mains. Ils ont tout prévu, tout rangé. Ils ont mis la terre noire et leur regard de plénitude entre corps exténués par la fibre des grèves. Quand ils

31

sont repartis, les saisons jouaient dans nos doigts, et nos mains les suivaient, filles de ce morne empire cristallisé dans l'aube.

À vol de jour s'évasaient les spirales d'étoiles frêles, mais nous avions conçu une source pour les broyer sans fin.

Nous laissions mourir le chant de notre offrande et les croissants d'ombre gonfler sur nos visages les derniers soubresauts de l'enfance.

Quand nos mains se sont étreintes, pâles, si pâles qu'elles se confondaient avec le matin, un feu inconnu masquait la soif des arbres.

Nous criions au miracle, mais nos mains étaient vides. Elles ne savaient plus absorber l'extase.

Et elles allaient, se tenant à l'affût de l'espoir.

Prêtes à sombrer avec lui.

*

FOREST, Léonard. *Né le 17 janvier 1928 à Chelsea, Mass. (E.U.). Ses parents d'origine acadienne se réinstallent à Moncton quand il a 18 mois. Il débute dans le journalisme écrit et en 1956, il s'installe à Montréal où il réalise trois films sur l'Acadie. En 1973, il regroupe ses poèmes dans un recueil intitulé* **Saisons antérieures** *aux Éditions d'Acadie et en 1979, aux mêmes éditions, il fait paraître* **Comme en Florence.**

POUR UNE AMÉRIQUE ENGLOUTIE

1

nos amours sont enfin fraternelles.
ta main émue guide les pas d'une fille
    de Chicago,
ton oeil célèbre libération.
ton sourire féconde l'inévitable
    delta des joies noires,
ta chanson attend.
ta joie multigrave se tait et se
    tait, comme disque distrait.
nous avons à Chicago un frère qui
    pleure,
nous l'aimons,
son été s'annonce long.

nos amours ne se diront point avouables,
nous sommes apparentés.
nous savons l'un et l'autre nos
    angoisses continentales,
nous ne sommes point légers.

nous avons des silences coupables

et lents,
comme sieste africaine,
qui disent non aux blanches justices
    d'un jour inavoué.
nous avons, devant nous, tout le temps
    des hommes.
nous attendons.
nous avons devant nous tant d'amour
    à donner,
qu'il faut enfin se quitter
pour ne point aujourd'hui se consumer.

                              *

II

je sais une maison dans une maison
    dans une ville absente,
je sais une chambre dans une chambre: y rôdent
    parfois les grandes orgues séculaires,
je sais une fille dans une chanson que
    chante un homme d'aujourd'hui
je sais une femme dans une femme: j'y
    habiterais comme on habite pays chaud.

j'habite une rose rouge, je m'installe au
    seuil des violoncelles,
j'écoute musique dans musique, neuve et
    ancienne: je chante.
je sais une femme spacieuse et ensoleillée,
elle rit, elle annonce des mondes inappris
    et amoureux.

je sais une joie dans une
    femme que je connais,
je sais un lieu antérieur et beau: nos demains

y triomphent,
je sais une femme dans une femme dans une
maison dont l'oeil est bleu.

je sais désormais une ville dans une ville
à jamais inabsente.

*

III

nos absences ne sont point exil,
nous n'avons que des promenades dominicales
et lointaines,
les rues du Souvenir y croisent les
ruelles de l'Odéon,
nos rêves gréco-romains s'inspirent des
misères démolies de Saint-Henri,
tous les clochers étouffés de Montréal nous
appellent aujourd'hui vers des provinces
anciennes.

nos silences ne sont point mépris,
nous n'avons que des discours intérieurs
et lents,
nos amis ne sont point ailleurs, ni
anonymes,
nous disons des noms: leurs oeuvres
chantent en nous,
les amis de nos amis sont les nôtres et
nous appellent aujourd'hui vers nos
saisons pleines.

nos exigences ne sont point pitié,
nous n'avons d'oreille que pour les

poèmes ardus et vrais,
les révoltes amoureuses y valent tous
les cris du crâne,
nos programmes ne sont point politiques,
notre amour est intact,
tous les poètes du monde nous appellent
aujourd'hui vers nous-mêmes.

nos patiences ne sont point vendues,
nous n'avons que des heures longues et
fécondes,
nos audaces calmes éteignent les feux
inutiles,

nos joies qui flambent n'annoncent par-
tout que feux de joie,
nos amours s'écoutent et se disent, et
n'appellent aujourd'hui qu'une
tendresse très humaine.

*

IV

j'ai planté partout mes jardins d'absence.
il y pousse parfois des fleurs inattendues,
blanches surtout,
tiges longues.
je ne sais qui les a cueillies.

j'ai planté partout mes jardins de liberté.
il y pousse parfois des fleurs menacées,
blanches surtout,
fleurs d'humanité.
je ne sais où les aller pleurer.

j'ai semé partout mes jardins d'avenir.
il y pousse parfois des fleurs inespérées,
blanches surtout,
fleurs d'amour,
à leur coupe, je sais qui boira.

j'ai planté partout mes jardins de joie.
il y pousse parfois des audaces nues,
blanches surtout,
fleurs d'été.
quand tu viendras, j'y dormirai.

*

ce temps que j'arpente est-il par devant?
    par derrière?
j'aime le réciter en longues jetées concentriques,
    jalonnées de mots si souvent égrenés qu'ils ont
    l'air de fermer l'oeil.
de n'ouvrir que portes vides,
d'inviter ma fatigue vers nuit d'incroyance.
ai-je usé mon chapelet d'incantations et de
    chavirements?
ai-je sonné si souvent l'angélus du grand navire
    soleil,
que mon cri ne convoque plus que lambeaux de
    brouillard et de nuit?
mes temps m'ont-ils quitté, las d'un chant qui ne
    cessait à la fois d'invoquer et de bannir?
mon rêve pourtant les voulait réunir par-delà
    la dispersion où s'égarent mon désir et mon nom.

*

Ma mère aussi m'a raconté ...

ma mère aussi m'a raconté ce passant qui s'excusait
　　de verser lui-même son thé,
sachant d'accointance la juste distance à tenir entre
　　bol et théière.
m'a-t-elle répété les mots qu'il larguait par-dessus
　　la tasse fumante
tandis que les hommes revenaient, l'oeil lointain, du
　　bout des longs sillons du jour?
m'a-t-elle dit qu'il parlait du temps, ou des orages,
　　　　ou de ces marins du cap, perdus depuis dimanche,
ou des jupes frivoles des dames de Boston, à l'aguet
　　des nouvelleries du vieux pays?
s'en souvient-elle? sait-elle qu'en cette nuit d'ici
　　　son fils aussi passe du côté des portes de l'amitié,
que son oeil distant cueille l'obole des politesses,
　　　qu'il se tait souvent,
qu'il puise au fond d'un baluchon amaigri les mots à
　　dire avant de repartir?
dormira-t-il au chaud de l'étable, ayant fait rire
　　les enfants de ses magies de ville,
et fasciné discrètement les femmes en descriptions de
　　soies et de dentelles,
veillant pourtant à l'honneur des hommes dont il jure
　　de réciter plus loin des foisonnantes récoltes?
que ne puis-je comme lui justifier mon errance
　　　par la seule grâce de dieu et des temps
　　　ingrats!
que ne puis-je absoudre d'une fable et d'une
　　　menterie, mes routes interminables,
et dire au sommet du jour qu'en tous ces détours
　　　je guette mon plus ancien pays.
mais qui dit que bientôt le temps des ancêtres,

penché sur le poète,
ne lui dira point de revenir en son pèlerinage,
et que lui seul veut cette malédiction qui l'amène
    sans joie et sans famille
à quitter chaque fois cette longue baie intacte
    qu'il ne cesse pourtant de hanter.
faut-il dire à la mère de cet homme qu'il n'est
    point parti,
que ses voyagements ne sont que la pénitence d'un
    trop entier désir,
et d'une si pure soif de durer, là, en ce temps qui
    nous est donné,
que son pied souvent s'y perd, à redire les chemins
    de haute houle où ses patries s'inquiètent et se
    cherchent.
n'est-ce pas celui qui passe qui a la garde des
    plus anciens souvenirs?

*

SAVOIE, Roméo. *Né à Moncton en 1927. Artiste-peintre, il a de nombreuses expositions à son actif. En 1981, il publie aux Éditions d'Acadie son premier recueil* **Duo de démesure.**

*

cette seconde où tout bascule
ces images indescriptibles de la peur
comme lorsqu'elle s'en va
me laissant tourmenté et absent
secret pleurant peut-être
de dedans seulement du dedans
puisque l'absence c'est ça
ce trou et l'aura de l'oubli
la mémoire momifiée

j'ai vu la nuit m'encercler
crier aux étoiles d'autres cris aussi
gesticuler dans le noir
parce que au-delà de cette noirceur
d'autres lèvres boivent le vent
baisent des bouches disent des mots
d'autres vies circulent
face à face ou de dos

l'étreinte forte plus forte
puis ces pas qui s'en vont après
dans la coulée
tout repose rien n'est en colère
il y a le bruit des vagues
il y a les chevaux
la mer qui s'écrase qui roule
comme un chariot de feu

*

*

il neige
des gouttelettes pendent
aux fils électriques figées
on fait jouer Brel dans l'appartement du dessous
ça sent les toasts le café
c'est dimanche gris moelleux
la tristesse fantôme espiègle
rôde sans raison précise
elle rôde comme un vieux chien fidèle
comme un vieux chien amoureux

tous les dimanches passent en kaléidoscope
on les nomme
celui de Copenhague de LaRochelle
de Kouchibouguac
on se souvient de ceux-là justement
pas des autres

*

une nappe de plomb recouvre la ville
le fleuve gris et paresseux
bouillonne une eau tête de nègre
les rues grises et mouillées
s'allongent du nord au sud
de l'est à l'ouest
les arbres gris et cadavériques
ne gesticulent plus

les restaurants d'où filtre
une musique blafarde sirupeuse
(épices plats mijotés un mélange de couleurs

bourgogne vert anglais rose doré brouillées
entremêlées ça sent la cannelle la rose séchée
la cire d'abeille le tabac blond les parfums
insolites)

nous passerons aussi par le parc
où l'étang s'est vidé
les enfants   jouent plus
c'est froid   c'est dimanche

ça craque sous les pieds
nous étions peut-être d'un autre temps
d'un ailleurs que nous ne savons plus
surtout lorsque les mots qui s'échappent
largués à toute allure
nous surprennent
ils ont la même tonalité
le même poids la même couleur
dans les ombres il y a des images
nous fuyons aussi ces images-là
étrange voyage
dans ce feu-là il y a ce voyage
bien d'autres aussi
je parlais trop je sais
parfois tu semblais ne pas y croire
nous étions dans ce dimanche
et dans d'autres à la fois

c'est le dimanche de tes bras les coussins se
tassent l'édredon prend la route du plancher
l'omelette pétille dans le beurre le café fort
les parties de cartes le scrabble le thé froid
les raisins secs l'eau de ta bouche les regards
qui n'en finissent pas de regarder le grain de

lumière dans l'oeil la neige qui tombe la neige
qui tombe la neige qui tombe

je n'ai pas vu cette lumière
elle est apparue d'un seul coup
réchauffant l'espace comme le vin
cela ressemblait à un oiseau
qui passe avec des ailes interminables
avec des ailes transparentes liquides

la nuit est venue triste et mensongère
chaque clarté usurpée chaque sourire volé
nous nous sommes confondus à la nuit
et le dimanche s'est dispersé dans un lundi bleu
les habits respirent la route des corps
les pieds la route des villes
le vacarme devint plus grand
c'était cela vivre dans cette ville
un mélange halluciné d'éclairs violents
et de piétinements à l'orée des sommeils exquis
à l'orée peut-être des bonheurs

*

LEBLANC, Raymond. *Né le 24 janvier 1945 à St-Anselme en banlieue de Moncton. Il publie* **Cri de terre** *(1972, réédité en 1986 aux Éditions d'Acadie) et prépare une anthologie de textes acadiens parue aux Éditions Parti-Pris à Montréal en 1977. Il collabore à plusieurs revues tant au Québec qu'en Acadie. Il rédige présentement une thèse de doctorat en philosophie.*

JE SUIS ACADIEN

Je jüre en anglais tous mes goddams de bâtard
Et souvent les fuck it me remontent à la gorge
Avec des Jesus Christ projetés contre le windshield
Saignant medium-rare

Si au moins j'avais quelques tabernacles à douze
    étages
Et des hosties toastées
Je saurais que je suis québécois
Et que je sais me moquer des cathédrales de la peur
Je suis acadien je me contente d'imiter le parvenu
Avec son Chrysler shiné et sa photo dans les journaux

Combien de jours me faudra-t-il encore
Avant que c'te guy icitte me run over
Quand je cross la street pour me crosser dans la
    chambre
Et qu'on m'enterre enfin dans un cimetière
Comme tous les autres
Au chant de "Tu retourneras en poussière"
Et puis Marde
Qui dit que l'on ne l'est pas déjà

Je suis acadien

Ce qui signifie
Multiplié fourré dispersé acheté aliéné vendu révolté
Homme déchiré vers l'avenir

*

ORACLES
WEI TSI - TING - KI TSI

Le feu danse
Sur le miroir glacé

L'heure est au sacrifice
Au renoncement
À la transcendance de soi

Et la flamme se dissout
Dans le jeu
De l'univers

*

TRIO

Aujourd'hui je me suis retrouvé
Dans un long couloir avec le chat et l'Égyptien
Et soudain c'est comme si un seul coeur battait dans le
    salon
Avec la force d'une guitare joyeusement branchée au
    soleil

J'ai vu l'Égyptien sourire
Des beluettes sauter sur le poil du chat
Et j'ai entendu la voix d'un homme vert
Qui se berçait tranquillement dans la chaise de mon
enfance

45

Comprenne qui voudra
Les murs sont des conventions
Que nous traversons de temps à autre
Lorsque nous dansons

*

DYNAMITAGE

Les murs ont tremblé
La poussière est tombée du toit
Quand le métro passe sous le plancher
Les rochers éclatent
Jusque dans l'échine

*

LE CORPS DES VILLES

Figés dans nos petits mondes tels des chauffeurs dans
    une auto en panne
Nous imaginons avoir perdu le sentiment de notre
    transparence
Sous la multitude d'images vitrées
Il suffit pourtant d'un tendre regard à notre fenêtre
Pour que soudain nos yeux s'ouvrent tout grands
Et le corps au jeu de désir
Dans ce goût fiévreux des retrouvailles
Cette envie de fondre au creux d'une vraie lumière
Loin très loin des tabous contre l'extase
Il suffit de laisser comme une odeur d'orchidée
    sauvage bleue
Pénétrer notre peau cet horizon rouge-terre où nous
    habitons
D'ouvrir nos oreilles à la musique des étoiles
Qui nous rappellent nos oublis et nos peurs de
    disparaître

Il suffit de savoir que nous sommes tous traversés
  d'arcs-en-ciel
Et que nous sommes ce grand éclat de rire
Qui secoue le corps des villes

*

ARSENAULT, Guy. *Né le 21 février 1954 à Moncton. Il publie* **Acadie Rock** *en 1973. Depuis 1979, il fait paraître de façon intermittente et à compte d'auteur des plaquettes intitulées simplement* **Poèmes et dessins (I, II, III, IV, V, VI...).**

TABLEAU DE BACK YARD

bosses de maringouin
pelure de banane
bouchon de bouteille
bête de cosse
bois de popsicle
bête à patate
...comme si tout'l monde se connaissait

jardin de peppermint
bouchure
coeur de pomme
bouteille avec un trou dans le couver' pour attraper des
    japs
close-pin cassée
marbles
chemin de terre
la rhubarbe volée est meilleure que la rhubarbe pas
    volée
potte de marbles
tag your it
...comme si tout'l monde se connaissait pas

pissenlit
pour faire des colliers et des bracelets et pour savoir si
    oui ou non on aime le beurre
pet de soeur

la vieille chêd à su Leblanc
tar paper
les gros rats à personne
papier taré
qui sortait dessous la vieille chêd à su Leblanc
les cookies à ma tante Rosella
Pépère a encore viré une brosse
le chat a mangé ma collection de mouches mortes
candé noir
...comme si tout'l monde se connaissait

cloches d'église
première communion
se tenir la main...
...Denise...
...Anne-Marie...
cachette à bouchette
sneakers
cloches d'église
"Yé 6 heures i faut entrer dire le chapelet"
couvent des soeurs
images saintes
senteur d'un couvent de soeurs
hardes de dimanche
...comme si tout'l monde se connaissait pas

pique-nique des dimanches après-midi
après les vêpres
au premier ruisseau
en filant les poteaux de téléphone
et prenant le petit chemin
en passant à côté des maisons neuves
en passant à côté de su Jimmy Budd
ou en prenant le chemin de la pitt ou de la piggerie

pique-nique des dimanches après-midi
après les vêpres
au premier ruisseau.

la parenté des États
avec mon oncle Archie pi son whisky
pi sa bière des États
Budweiser
la parenté du Québec
avec mon oncle Franco
pi ses mets de spaghetti
pi ses enfants collés de popsicles
...comme si tout'l monde se connaissait pas

servant de messe de première classe
grand manieur de patène
acolyte même
30 cents par semaine
çé mon tour de servir la messe de 8 heures
avec ma soutane
et mon surplis
j'étais confortable
on pouvait se croire important aussi
quand on allait virer la nappe de la sainte table
on pouvait se croire important
à vider une burette pleine de vin dans le câlice à Père
     Pellerin
...trois gouttes d'eau et beaucoup de vin
on pouvait se croire important
quand s'ki fallait servir tout seul
ou quand on était dans l'église
et que quelqu'un d'autre servait tout seul
et que le prêtre nous faisait signe du sanctuaire
juste avant la messe

juste le temps d'enfiler n'importe quelle soutane et
    surplis
et de les attraper au Kyrie
ou à l'épître quand c'était père Pellerin
ça lui prenait yank 20 minutes à dire une messe, lui
pi là i'avait les enterrements
avec les grandes chandelles
et les vêpres le dimanche après-midi
avec l'ostensoir et l'encensoir

messe de minuit
petite
neige
folle
tombant doucement
droite
devant la porte d'église jusqu'à chez nous
et les pâtés à la viande
et les cadeaux de Noël
et les résultats de la partie de hockey
les bas de Noël remplis de candés de Noël
et le cookage de Noël
et le petit train de Noël
et la senteur de Noël
et le matin de Noël
tranquille
pur
vrai
serein
et l'après-midi de Noël
avec la parenté de Scoudouc
Alyre et Stella pi leur famille
avec la parenté de Shédiac
parrain et marraine

avec la parenté de Parkside
Alphée et Lina pi leur famille
Joyeux Noël
Noël de famille
Noël sans famille
Joyeux Noël et Bonne et Heureuse Année
drôle d'année
marquée de fêtes, de vacances et d'obligations
    religieuses
pour que personne s'ennuie
pi là ya le Carême
le long carême sans candés
avec la messe à tous les jours
pi les chemins de croix les samedis
 avec nos bottes d'hiver jusqu'à la Résurrection
et le printemps...
la semaine sainte
les pâques
la Pentecôte
le dimanche des rameaux
pas le temps de s'ennuyer quand té enfant de coeur
pi là ya la procession de la Fête Dieu
su la Mountain Road
commençant à l'Église
passant en face de la Post Office
jusqu'à su Al's Variety
descendant la Lefurguay
traversant le trafic de la Connaught
passant devant la maison à su Cooper
devant la maison d'su Thériault
en passant devant le champ où l'on jouait au baseball
avec une balle d'éponge et une bonne planche sans
    écharpes.
les soirs d'été

les soirs de printemps
et les soirs d'automne
se rendant enfin à l'école Verdun
où l'on s'agenouillait sur la gravaille dure
pour endurer les litanies de la Ste Vierge
et les itanies de Ste Anne
et les itanies de tous les saints
et on subissait l'exposition du saint sacrement
une dizaine de minutes
le temps de se faire des genoux rouges
et on retournait à l'église
en prenant la Chester
en passant devant chez nous
et devant le magasin d'su Catherine
et devant d'su Leblanc, su Haché, su Lirette, su Léger
pour se rendre au coin de la rue
où on montait la Churchill
jusqu'à l'église
En tête, l'ostensoir et le saint sacrement
(exposé depuis Pâques)
suivi des vicaires
suivi des assistants vicaires
suivi de l'ensemble des enfants de choeur
suivi de l'ensemble des membres de Lacordaire
suivi de l'ensemble des Dames de Ste Anne
suivi de l'ensemble des membres de la St Vincent de
    Paul
suivi de l'ensemble des scouts
suivi de l'ensemble des louveteaux
suivi de l'ensemble des guides
suivi de l'ensemble des croisés
suivi de l'ensemble des croisillons
suivi de l'ensemble de l'exécutif du club récréatif
suivi de l'ensemble des membres de la Caisse

populaire
suivi de l'ensemble des paroissiens...
...comme si tout'l monde se connaissait.

écolier modèle
premier prix pour la plus haute moyenne 2 fois
deuxième prix pour deuxième plus haute moyenne 2
    fois
prix pour plus de progrès pendant une année scolaire
à la présentation des prix à l'école Verdun
fin juin, 1961, '62, '63, '64.

rangée par rangée
en ligne droite
à temps (pour quoi?)
rangée par rangée
Vive la récréation
Vive le temps libre
Vive les vacances

champs de pissenlits
barbecue
océan d'eau salée, de sable, de coquillages, de jelly fish
    et de sunburns
de belles filles, de jambes de culs et de corps nus
    étendus sur le sable
le tonnerre roule
et le temps se fait triste
back yard
senteur de chez nous
table de cuisine
pet de soeur
pot en pot
senteur de chez nous

senteur de mon père
senteur de ma mère
senteur de mon grand-père
senteur de mes soeurs, de mon frère
senteur à moi
senteur de chez nous
comme si tou'l monde se connaissait
back yard

*

À ANDRÉ LANDRY

pendant des moments
de Paradise Lost
à l'école Vanier
après le dîner
dans la Saint John River Valley
dans les mathématiques
du pont de Fredericton
tu t'es jeté en bas

*

THE POET

the poet writes about you
and tells the whole world
what you eat for breakfast
who smokes dope
who wears an old coat
who threw himself off a bridge
who is coming on Christmas day afternoon
he says that your children
are sticky with popsicles
the poet writes about you
and thinks that he'll never be truly hated for it.

*

RIEN D'ÉCRIT

Des fois
pensant à écrire
un poème
je me répète une phrase:
"Rien d'écrit"
à toutes les 30 secondes.
Des fois
je la répète
comme ça
pendant des jours.
"Rien d'écrit"
pendant des jours.

*

CHIASSON, Herménégilde. *Né le 7 avril 1946 à St-Simon au Nouveau-Brunswick. En plus d'une formation en Arts visuels, il est poète, dramaturge et cinéaste. Son premier recueil* **Mourir à Scoudouc** *paraît aux Éditions d'Acadie en 1974 et son plus récent* **Prophéties** *(1986) chez Michel Henry Éditeur. En 1987, il réalise un film sur la vie de Jack Kerouac:* **Le Grand Jack.**

EUGÉNIE MELANSON

Ni les colliers d'eau douce
Ni les encensoirs en feu que les curés brandissaient durant
les Fêtes-Dieu
Ni les bannières du vendredi-saint
Ni les drapeaux tricolores
Ni les amours perdues
Ni les amours permises, encore
N'auront fait pâlir ta beauté, Eugénie Melanson
Toi dont la photo traversa les années
Pour me faire signe
Un après-midi de juin, quand le ciel était trop bleu et que le
soleil descendait trop bas dans un pays qui ne pouvait être
le mien.
Tu étais la plus belle, pourtant
D'autres te l'auront dit, bien sûr, mais j'imagine tes yeux
sombres grands ouverts et qui regardaient à l'intérieur de
ton corps pour ne plus voir passer les années sur ta
beauté oubliée.
Tu était la plus belle, pourtant
Quand tu te déguisais en Évangéline pour pouvoir
recréer avec des Gabriels de parade les dates mémorables
d'un passé sans gloire, englouti dans les rêves et les poèmes
d'antan que tu n'avais jamais lus.
Tu étais la plus belle, pourtant

Quand un dimanche après-midi un photographe ambulant saisit la fraîcheur de tes dix-huit ans et fixa, par un procédé lent et douloureux, les séquelles imparfaites d'une candeur incroyable, rêve lent et presque sombre d'un désir de vouloir rester maintenant et toujours pour regarder le soleil s'estomper dans le ciel une dernière fois, oui, juste une dernière fois.

Tu étais la plus belle, pourtant

Parce qu'un dimanche après-midi cette photo commença son existence et qu'un après-midi de juin, ta présence m'a regardé et m'a arrêté.

Tu regardais, de derrière ton cadre, du haut de ta robe noire, le visage contre la vitre.

Tu regardais, mais tes yeux ne regardaient plus à l'intérieur de ton corps.

Tu regardais Eugénie Melanson, je sais, tu regardais

Les vitrines bleues, les objets de piété, les berceaux bordés de dentelle, les haches accrochées dans l'établi, les charrues qui ne labourent plus la terre, les meubles victoriens des gens qui étaient plus riches que toi, tu t'en souviens, les fanals à gaz qui clignotaient près de la porte quand les soirs venteux d'automne tes cavaliers venaient te reconduire jusque sur le perron, tu regardais les foyers avec de vraies bûches de bouleau, toi qui en avais toujours rêvé, tu t'en souviens, tu regardais les carrioles qui bondissaient sur la neige des dimanches après-midi quand il y avait des vêpres à l'église et qu'emmitouflée dans les fourrures, tu croyais te rendre à la messe de minuit en plein jour...

Tu regardais tout ça, Eugénie Melanson, et pourtant...

Pourtant, tu étais plus belle que tous les rêves qui s'étaient aplatis contre la vitre par un jour de juin où, ici, comme par tous les autres jours de juin, il ne s'est rien passé.

Tu étais plus belle que les médailles du Vatican qui allaient aux dignitaires dont ton mari te disait les noms parfois et

dont tu voyais les portraits dans les journaux.
Et aujourd'hui...

Aujourd'hui, vous êtes tous ici
Vous êtes emprisonnés, toi, les médailles du Vatican, le
tableau de la déportation, le drapeau de lin que
Monseigneur Richard avait fait faire, et tous tes rêves qui
vivent derrière les vitres de cette grande cage de
nostalgie.
Tu es au bout d'un corridor et tu regardes venir les enfants
qui examinent les vitrines bleues et qui ne remarquent pas
ta photo qui est petite et perdue en noir et blanc.
Mais tu es la plus belle, Eugénie Melanson, plus belle que
Philomène Leblanc, plus belle que Valentine Gallant,
plus belle qu'Euphrémie Blanchard qui sourit au bras
d'Évariste Babineau, plus belle que les médailles du Vati-
can, que la signature de Champlain, que les cachets de cire
du roi d'Angleterre, du roi de France ou d'Espagne.
Tu es la plus belle parce que je t'aime
Parce que tu ignorais qui étaient les Gibson Girls, les suf-
fragettes, le cirque Barnum, les Beverley Folies, les frères
Wright et Thomas Edison et que tu t'endormis près des
berceaux bordés de dentelle.
Tu aurais dû te réveiller.
Tu aurais dû te réveiller puisque c'est alors que l'envie de
mourir s'agrippa à ton corps.
Tu aurais dû te réveiller, Eugénie Melanson,
Mais tu t'endormis dans ton corps
En pensant aux vitrines bleues, à la signature de Cham-
plain, au fort de Beaubassin, aux canons des vaisseaux
français qui donnaient le feu en rentrant dans le havre de
l'Ile Saint-Jean...
Tu t'endormis
Tu t'endormis en rêvant
Tu t'endormis en rêvant à de nouvelles déportations.

*

SALLE DE DANSE
Les épaules de M.C.

C'est à ma mémoire que je dois m'abandonner si je veux m'en rappeler.

M.C., ses épaules nues qui dansent dans la lumière insistante des réflecteurs.

Derrière une colonne, dans la stance évangélique du publicain repentant,

une bière à la main, quelqu'un la regarde. Distraitement peut-être écroulé sous la passion d'une jalousie biblique.

Le roi David. Bethsabée au bain.

Et maintenant elle ne bouge pas.

L'évanescence des choses à venir est un constat cruel et malsain.

Ce soir le texte est un graffiti multicolore qui se répand en couches imprévisibles et irrécupérables dans le séisme du sens.

Peut-être n'avons-nous plus de commune mesure.

*

LE TRAFIC DES INDULGENCES

On danse avec n'importe quoi sans savoir si son coeur est à la bonne place.

La moralité de l'adjectif. Son spectre, son rôle anti-catatonique.

Viens de voir D.G. Assise devant une très belle fille.Qu'est-ce que la beauté? Ne me dites plus qu'elle n'est qu'un effet oculaire. Sans plus. Banal.

Avez-vous pensé que l'or existe encore et qu'on affiche son

60

prix tous les jours dans les potins de la planète. Le soir. Et puis on sort. On danse.

Nous serons toujours une génération qui se cherchera dans le mouvement, le corps et le besoin d'être solidaire malgré tout. Dans le brandissement des épées au laser. Vous y croyez vraiment vous à cette nouvelle chevalerie.

Mercredi, 26 mars 1986, je donne des ateliers à des enfants de 10 à 12 ans.

Pour rien. Pour voir si dans leur manière d'éprouver l'un des plus vieux codes encore en circulation, il n'y aurait pas autre chose que la folie et l'exaspération. L'obsession de tout dire vs l'attente des révélations. Avant d'entrer, avec quelqu'un qui attendait peut-être la même chose que moi, nous avons parlé des ordinateurs et des prothèses en général. On pouvait désormais faire augmenter sa mémoire à un mégabyte. Et j'ai noté qu'il fallait que je m'en souvienne dans les bombardements. Combien de kilobyte m'aura-t-il fallu pour en arriver à pareille conclusion?

Le soir, avec des Marocains qui faisaient rire C.B. nous avons parlé de Kadhafi. Ils m'ont fait croire que les Américains ne donnent jamais rien.

*

MÉMORIAL DU KACHO

Gardez ceci dans la caverne où vous avez enfoui la conscience du monde, sous les missiles, dans le bruit agonisant de tout interdire.

Gardez mes phrases mal entreprises et mes échecs monumentaux.

Gardez le bras du désir ouvert sur la porte des noces quand les baisers étaient encore l'échange du souffle. Oublions le festin carnivore qu'ils sont devenus par la suite.

Gardez ceci comme un oracle car désormais notre mémoire est à l'abri de toutes les intempéries, finement découpée en rondelles de silicone.

Gardez ceci quand il ne resterait que la masse inerte pour le lire, gardez-moi près de vous, dans votre diction parfaite et dans la voix qu'on vous envie, qui vous identifie comme une forteresse imprenable dans l'odeur de la nuit.

Gardez ceci dans la voûte où vous gardez vos secrets.

Gardez ceci à vue. J'insiste pour m'en souvenir, pour toutes les fois où j'ai oublié, où j'ai cru être le dépositaire et non plus l'auteur de nos mots concentrationnaires dans la frayeur anticipée des miradors. C'est si vrai.

Gardez ceci près de votre souffle sans quoi il n'y aura plus de mots. Sans quoi il n'y aura plus de garde et nous tomberions du livre dans le néant de la vie.

*

LA SCIENCE DE LA LETTRE MORTE

Hypothèse: La femelle concilie naturellement la
femelle de l'autre sexe.
(très important)
Le mâle est toujours un élément
perturbateur.

Ceci devrait être la révélation de la soirée. Ensuite? On a oublié de noter la suite. La suite importe-t-elle vraiment?

Il reste des fragments...Est-ce que ça ne suffit pas? Et toute une journée durant il avait vidé ses poches essayant de recoller une feuille de papier déchirée qui ne contenait au fond que la cartographie de plusieurs petits doutes isolés. Même réunis, on pouvait douter de leur capacité à produire un état.

Le soir arriva comme un manteau trop grand sur le corps de cet homme fatigué et dont la vue faiblissait dans l'encre de la nuit. Il n'arrivait plus à lire, il ne voyait rien et il finit par comprendre qu'on l'avait aveuglé. Au matin il en conclut qu'il s'était laissé distraire. Son guide l'avait quitté depuis toujours et lui, l'homme indécis, abandonné dans une terre de mirages et d'illusions, dérivait maintenant dans des îles du doute qu'il cartographiait toujours sur des pages indéchiffrables à la lumière du matin.

L'hypothèse ici vient sans doute du fait que la vérité elle-même est contestable mais ça aussi c'est une vieille idée.

*

JEUDI SAINT

Dans ma fenêtre d'enfant il y avait des mots qui n'arrivaient plus à couvrir l'hiver blanc et vertigineux de ma page.

L'hiver, il faut bien le dire, nous avait oublié pour aller sauter par-dessus la lune dans son bel habit bleu. Et vous, à cette époque, vous rentriez très tard après le couvre-feu, à l'heure interdite.

Dans votre monde tiède où le salut prenait toute la place, les gens bien entraient par la porte du milieu, sans avoir la moindre idée du sacrifice auquel ont les avait conviés. Autrefois on brûlait de l'encens. L'odeur des viscères devenant intenable pendant les longs sacrifices. Le cri des bêtes dans le temple de la nuit.

À St-Simon, sous le clocher, il y avait un vestibule, un tambour, avec trois portes qui s'ouvraient comme un triptyque sur la vie et la lumière.

Le livre commence...

Je voulais rester avec les saints dans votre bois de cèdre trop verni pour en écouter l'odeur. Je voulais le bleu de la nuit et sur votre corps je posais ma bouche pour entendre monter votre point d'orgue qui carillonnait comme le poids sourd de votre désir. Une prière mal apprise et inexaucée qui se défaisait en arabesque jusqu'aux volutes du ciel parmi les anges et les idoles.

Et nous dansions. La danse de la vie. Le premier volet du triptyque. Les fleurs rouges criaient dans la verdure. Et ce soir Satan me donne sa carte de crédit comme dans les gravures de Dürer. Je signe et on boit.

*

LA COMÈTE DE HALEY

Mais vous, dans une cabine de chrome où vous essayez des maillots de bains bleus comme la nuit, vous êtes l'éclat de mon siècle, avec la jungle imprimée sur vos seins et publiée dans l'espace. Et sous ces feuilles qui vous collent à la peau, on entend des rumeurs turquoise dans l'outremer de la mystique occidentale où la comète apparaît à travers la feuille d'or.

Nous refermons le livre. Son odeur de camphre, de porphyre nous poursuit dans les dédales du temps. Le désir de durer.

Qu'est-ce qui se passe? Vous avez refermé la porte? Quelqu'un éteint les lumières. On ramasse les bouteilles. Qu'importe. Puisque je sais que la comète n'est plus une tache d'or dans un manuscrit, ni un flot d'électrons dans la mémoire fragile de notre époque et que vous êtes à l'abri quelque part dans une des chambres de la galaxie.

Vous dormez dans l'humidité verdoyante de ma jungle.

Je dormirais aussi plus tard, plus rassuré, car je sais maintenant que désormais je peux vous lire en feuilles volantes dispersées à la lueur cosmique d'une comète aux cheveux d'argent.

Dans la salle de danse on vient d'éteindre le système de son. Il fait noir et nous parlons encore. Sans doute par habitude. Pour des raisons qui nous échappent.

*

(sic)

Vous parliez d'oppression et je prenais des
    notes.
On ne sait jamais.
J'écrivais vos rêves comme un stratagème,
un réseau enchevêtré défiant la liberté
    provisoire
et les bonheurs en sursis.
Je craignais d'oublier les raisons profondes
qui ont fait de votre malheur un paramètre
    inconsistant
pour mesurer l'océan de malentendus
qui déferlait entre nous.

Et votre coeur s'est remis à battre au centre du
    soupçon,
une conflagration sous-marine, un écosystème
qui affolait tous les radars.

Ce jour-là, nous avons acheté de nouveaux
    habits
et nous nous sommes empressés de prendre nos
    visas,
baromètres d'une certaine banalité.

La frontière était toute proche.
Même que vous n'avez rien osé mentionner.
Vous vous êtes contentés de signer
en rajoutant quelques vieilles imprécations
qui ne faisaient même pas le poids.
Même que les gens qui connaissaient votre
      hargne
se sont surpris à vous dire à quel point
vous étiez dorénavant désirable et sans
      reproche.
Vous n'avez rien fait pour les détromper.
Je vous en voudrai toujours pour ça.
Je vous en voudrai toujours, croyez-moi.

*

CONSTELLATION

Les étoiles d'or...
Ah les belles étoiles comme des points lumineux
pour clouer le ciel sur les piliers de la nuit...
Les étoiles d'or...
Ah les belles étoiles qui tournaient leurs pointes
sinistres, enchantement où la poussière navigue
sur le tapis magique de la nuit...
Les étoiles d'or...
Ah les belles étoiles, vous qui pâlissez
comme autant de genèses, insoupçonnées
dans le besoin futile d'être uniques, escalier étroit
pour monter dans les ténèbres enivrantes
jusqu'aux voûtes de la nuit...
Les étoiles d'or, et moi je dors
dans le silence de leur voyage gigantesque,
m'inventant des profondeurs
où le temps n'a plus de prix et l'ennui plus d'emprise.

MURMURE I

Il pleuvait tout haut dans l'herbe de mai.
La sève des hivers de rage et de souciance
plantait ses dards dans la peau noire
sous le manteau ruisselant de la ville.
Le bruit nous réveillait comme autant d'aiguilles
qui s'agitent dans la paume des matins méticuleux.
La radio délirait sur nous, ouvrant son cortège
    insultant
de souillures et de réclames.
Mon Dieu, se peut-il qu'un tel fléau (ou la pluie)
réponde à mille ouragans déchaînés
sur les débris calcinés,
les univers pantois au souffle incompris.

Un jour quand le monde aura fini de nous éblouir.
"Soyons solidaires d'un avenir tout en vert"
qu'on s'amusait à faire clignoter sur la tribune
où chacun a connu le vertige.
Notre dérive obstinée est en rade,
soudain à son port ultime.
Notre désir sera enfin contenu dans un coeur d'argent
qu'il fera bon presser dans notre main
jusqu'à ce que la ferveur nous en brûle la paume.
Reliquaire magique et puissant
de toutes les peurs accumulées et ancestrales.

Et je verrai enfin vos yeux de topaze
s'ouvrir dans la soie des armoiries.
Le coeur battant de l'idole.

*

MURMURE II

Qui de nous n'a pas compromis son espace vital
en y dépêchant son coeur?
Comme si le désir pouvait juguler une force
au-delà de son entendement.

Et quand la blessure ne suffit plus
à l'envergure et au désenchantement
qui lui auraient donné une certaine consistance,
on dit que rien ne peut nous compenser,
que tout est à refaire.
Une certaine panique s'installe.
Vous m'en voyez navré.

Désormais, je ne serai plus qu'un espace
qui laisse entrer en lui les éléments perclus
qui surnagent au soleil
quand le jour aura enfin fini d'oublier la nuit...

Pardon?

Ah! Vous dites que j'ai changé...
Est-ce si terrible?
Je veux dire: de changer...

*

INJURES I

L'aboutissement d'une époque
Persuadée que son monde était celui de la dissonance
Elle voulait qu'on prête une attention inaliénable

aux signaux essentiels
"Le jour va vers le jour"
"On a eu trente ans trop tôt, quarante ans trop tard"
L'enfance n'est plus qu'un théorème obsédant.

La suite des états se subdivise en catégories immuables.
Il est difficile d'en savoir plus long.
C'est la longue consultation des catalogues
qui commence.
Les répertoires de l'obsession, la cartographie
des mirages, les chant des baleines, les sessions
    abyssales
dans les cabinets du doute,
la magie intercédante des signes...
Avouez que vous êtes quand même passé à côté,
même si ça fait des dettes,
on finit toujours par rembourser.
Donc ne croyez plus à rien.
La déception est partout impeccable.
Soyez patient. C'est tout.

*

INJURES II

L'amour est un appel à l'univers
codé dans le plus simple des besoins.
Par contre, la misère recouvre le sol
comme un désir de trangression.

Entendu aujourd'hui:
L'amour n'est rien d'autre
que l'aménagement d'une matérialité...
En précisant:
Dans les signaux électroniques qui grincent,

**qui se déchirent et qui continuent
de nous déformer inexorablement...**

"Imaginez maintenant que soudainement
vous êtes aspiré vers le ciel et que l'autre personne
se retrouve soudainement très petite, très minuscule,
à des milliers d'années lumière de vous..."
À ce moment-là, est-ce que vous ne croyez pas
qu'il est temps d'inventer un moyen plus efficace
et moins onéreux de se rejoindre...
Can Talmak Yinko Hobike Ugh Om Ulak Lock.

Qu'est-ce que vous en pensez?
Et au fait, à quoi pensez-vous?

*

LÉGER, Dyane. *Née le 11 septembre 1954 à Notre-Dame de Kent, Nouveau-Brunswick. Publie* **Graines de fées** *(1981, réédité en 1987 aux Éditions Perce-Neige), et* **Sorcière de vent!** *(1983) aux Éditions d'Acadie. Elle travaille présentement à un roman et à un troisième recueil.*

HISTOIRE DE VOITURE

Dans l'espace automobilien commence l'aventure qui contient la voiture, le chauffeur, le poisson rouge et la performance qui n'existe nulle part ailleurs. Rien n'est plus réel que par ses propres moyens. C'est naturel et tout à fait normal que les accidents qui n'arrivent à personne, arrivent à moi, parce que je suis là moi, amarrée aux choses, ne craignant ni d'aller trop loin, ni de dépasser les limites, ni de ruiner ma vie. Je suis réceptacle moi. Je suis sourde à "si tu ne fais pas attention..."

Dans l'espace automobilien, la fantaisie et l'intrigue viennent d'être activées. Sur mes genoux, la machine à écrire vient d'être mise en marche. Elle gloussote, toussote, cliquette, crachote. Déjà, je me mets les doigts dans les yeux, je fais un effort pour ne pas me rendre compte, pour me faire croire que tout est normal, tout est comme il faut.

J'écris. "La secrétaire tape une lettre à la machine."

C'est ma première phrase, ma première ambiance. Oh, rien d'alarmant, de prémonitoire. J'ai même la certitude que trois fois répétée elle semblerait vulgaire et obscène.

Seulement dans la poussière qui traîne en arrière de la voiture, Cendrillon, la souricière, la citrouille, les rats et les

71

lézards exécutent d'horribles cris.

Seulement dans un salon de coiffure à St-Paul de Kent, à Grangeville, il y a sous un séchoir rose-banane une vieillarde grosse et grasse qui récite ses "Je vous... Je vous salue, Marie. Vous êtes bénie entre toutes, les femmes, et le fruit de vos entrailles est béni". Cette femme récite ses "Je vous salue, Marie" avec une telle ferveur que Florence à Edmond n'ose ni se pouffer, ni lui demander de se taire.

Seulement dans un salon japonais au 147 de la rue St-Georges, il y a Sonia qui se ronge les ongles, qui s'inquiète, s'énerve parce qu'à Mexico City un tremblement de terre enregistre 8 sur l'échelle Richter, et qu'un quart de la vieille ville vient de débouler.

Sonia pense à Edgar, Juan, Edwardo, Raymundo, Arturo, repense "Edgar, où es-tu? Edgar, que fais-tu? Edgar, pourquoi n'appelles-tu pas? pourquoi ne me dis-tu pas que tu es vivant? que tu es couché de travers dans un lit de n'importe quel hôtel, avec n'importe qui si tu veux, avec tes bottes, ton anorak et une demi-douzaine de tortillas, trois, quatre douzaines de hamburgers? Edgar, Edgar por favor!"

Et pendant que le tourment de Sonia-femme s'accentue, la vie américaine se propage de plus en plus follement, de plus en plus bêtement dans le salon japonais au 147 de la rue St-Georges.

"Boston Red Sox have tied with the Toronto Blue Jays! annonce la télévision.

"Qu'est-ce que tu veux que ça me fasse? pense le poisson dans le bol.

"That Bud's for me!" blares the television set, so that

even if Marcia is in the bathroom shaving her legs, even while Marcia is in the bathtub shaving her legs, watching her blood color the water red, she can still be in tune with America's Heartbeat.

Sonia reste figée près du téléphone blanc qui ne peut rejoindre Mexico City. Sonia reste le coeur fou près du téléphone blanc muet. Sonia finit par se convaincre que demain elle pourra sûrement appeler...sûrement rejoindre Edgar...ou Arturo...Edwardo.

Seulement la nuit va être longue et les rêves vont déranger.

Je ferme les yeux. Y a-t-il une réalité qui puisse vivre entre "X" qui tourne les yeux vers "Y", pendant que "Y" ne la regarde pas, qu'il regarde "Z"? Y a-t-il une réalité freudienne qui puisse rendre raison aux enfants qui savent?

Je tape. Lis. Retape. Relis. Déchire tout et recommence 10, 15, 20 fois...pendant que dans la cuisine la vaisselle s'empile. Est-il encore réaliste d'imaginer que parmi des tapis de linoléum, des tartes à la rhubarbe, et des extraits de vies télé-romancées, il existe quelque chose qui puisse altérer la course folle de nos vies?

Dans l'espace automobilien la voiture, le chauffeur, le petit poisson rouge et la performance qui n'existe nulle part ailleurs, prennent des airs de circonstance.

Sur la route, la voiture file à toute allure. Tout au long de la route, les choses s'ankylosent. Tranquillement, presque imperceptiblement, la réalité plaque ses regards de diseuse de fortune sur les enfants et les bêtes. Tranquillement, le mascaret monte, recouvre les sables, les pas de goélands, le corps des méduses, le goémon. Plus docilement encore, le jour se mène, fait en sorte qu'il sera différent des autres, ou se contentera de faire mine de rien et se rendormira.

Il est tôt et pourtant je me sens déjà très voyagée. Convaincue que je n'ai rien de mieux à faire, je roule deux jours, trois jours. Une bouteille de Coke entre les deux jambes, je pense "Avec Coke, ça y est!", tout le monde sait ça!; et je continue de rouler, de boire du Coke, et de croire aux vacances, comme Duras croit au Bon Dieu.

J'accélère, regarde la route danser, chanter, s'accordéoniser. Elle se déroule doucement entre les clins d'oeil du soleil, les feux rouges, les feux verts, les touffes de nuages et la montagne que je transporte dans mon rétroviseur.

J'aime les voyages! J'aime dessiner des bruits de gravier écrasé sous les pneus d'une voiture, des bruits d'écritures se racontant les unes aux autres, se chuchotant des riens, puis s'éclatant de rire ensemble. C'est l'image qui a fait le sens-apprenti de mon premier mouvement. C'est l'instantanéité des vents, des soleils, des lunettes de soleil, des photos Kodak, des vacances enfin possibles! qui ont imprégné la mémoire du verbe écrire, du verbe dire.

Je circonstancie. La route est la route. Est aussi le voyage. Est aussi le symbole; l'écriture telle qu'on la connaît n'assoupit ni les vieilles femmes, ni les petits poissons rouges. Je précise.

L'automobile est le prolongement viscéral du 21e siècle. Le sens qui n'a pas de sens; le concret de la réalité, de la contextualité.

L'automobile est le corps, le physique d'un continent

ambulant. Le chauffeur, qu'il soit imaginaire ou réel, en est référentialité. Toujours. Le petit poisson rouge lui, il est comme tous les mots et tous les gestes qui de toute façon ne servent à rien.

Je déboucle ma ceinture de sécurité. Réajuste le siège. Le rétroviseur. Je finis mon Coke, rebouche soigneusement la bouteille avant de l'envoyer foutre par la fenêtre. Je sors de ma sacoche du chewing gum rose que je mâche tant bien que mal. Je fais "tape, tape, pique pique, roule, roule", comme les touristes font "clic-clic-clic" avec leur appareil photo, comme les fous font "Ha! Ha! Ha!" se moquant de ceux qui sont plus fous qu'eux.

Non loin de moi, une demi-journée s'écoule. D'autres plus folles attendent en coulisses, tandis que moi je me demande sérieusement "Qu'est-ce qui est venu le premier, l'oeuf ou la poule?"

Entre deux coups de barre, émerge une odeur de tabac. Au lieu de me persuader que j'aurais dû faire une secrétaire qui tape une lettre à la machine à écrire, une secrétaire qui remue une cuillère dans une tasse de café, une secrétaire qui voudrait à tout prix aller au Paradis, qui voudrait à tout prix ne jamais se mêler de ce qui ne la regarde pas, une secrétaire qui jusqu'à la fin de ses jours, jusqu'à la tremblotante fin, tapera, tapera, tapera encore une autre lettre de plus à la machine à écrire, je préfère entretenir une conversation sur la chaleur écrasante qu'il fait, qu'il ne fait pas, avec un Monsieur de Goethe Absent.

Il n'y a rien qui m'exaspère plus que le mutisme et le silence d'un homme dans une nuit, dans il était une fois, n'importe où, n'importe quand, n'importe comment. Rien.

Je m'impatiente, sens mon sang suer à grosses gouttes et mes yeux exorbiter. Des bouffées de fumée me sortent par les oreilles. "Il n'y a pas de boucane sans feu!" disent les bûcherons, disent les vieux chefs Micmac, disent les vieilles filles de par chu-nous, ne dit pas Monsieur de Goethe Absent.

J'étincelle, violemment. Il y a trop de voitures, de poids lourds, de cars renversés. Trop de vapeur d'essence, de diesel. De voitures collées aux pare-chocs l'une de l'autre, l'autre de l'une. Ça pétille! frétille!!! Je sens que ça va sauter!!!

Oui! oui, si tu veux vraiment savoir, il y a des choses qui m'empêchent de dormir même en plein jour! Et tu crois que je fais des histoires pour rien, regarde les dames de pique qui flamboient dans les pare-brise! Crois-tu que je suis en train d'imaginer Moïse devant le buisson ardent? Est-ce que parce que je te dis que c'est un aigle perché sur un cap de roche que tu t'obstines à croire que c'est un moineau!

C'est un gros tabernacle de moineau, si tu me le demandes! Oui, o.k., o.k., je veux bien tenir des chats par la peau du cou, et o.k., o.k., si tu veux je peux fourrer le chien, si ça te fait plaisir, je becquerai même le bobo de l'Enfant Jésus des patates frites, mais il faut que tu comprennes une chose: si tu ne me donnes pas l'extincteur tout de suite!!! We'll be just another hot-dog relishing, ketchuping, mustarding in the great take-out opera of food-land!!!

DO YOU UNDERSTAND?
WELL FOR GOD'S SAKE! DON'T JUST
STAND THERE!
GIMME THE BLOODY EXTINGUISHER!!!

Et puisqu'il ne parle toujours pas et qu'il y a dans mes yeux des visions d'embouteillages de voitures, des visions de poids lourds renversés flambant sur des lignes de cocaïne, je saute par la fenêtre de la voiture, reprend mon souffle sur l'asphalte gris-souris, celui qui n'existe nulle part ailleurs.

Sans effort, sans conscience, comme dans les rêves, comme dans les transes, je continue de me déplacer, d'avancer...Hypnotiquement, ou plutôt comme le font encore ma mère, son père de 92 ans quand ils s'assoient sur la véranda le dimanche après-midi et qu'en se berçant ils regardent les voitures passer comme des choses qui passent, glissent, s'éloignent. Il n'y a pas dans cette performance de peddleux de hareng frais, de morue salée, il n'y a pas de joueuses de Bingo, d'ours empaillés comme on en trouve dans le salon d'un bootlegger sur la "Route N.-B. 115 Nord, Moncton, Notre-Dame". Il n'y a pas non plus de poubelles orange cordées le long des rues de Montmartre, ni de trams bondés de monde comme ceux qui vont de Moscou Est à Moscou Ouest...comme si changer de place pouvait simplifier l'existence.

Dans l'espace automobilien commençait l'aventure qui contenait la voiture, le chauffeur, le poisson rouge et la performance qui n'existera nulle part ailleurs, ne sera réelle que par la route que j'invente au fur et à mesure que j'arrive.

*

LE HANGAR DES HANTÉS

Il n'y avait pas de vent. Quelques arbres l'avaient vu, la

queue entre les jambes, s'en allant jappant. Il n'y avait plus de couleheures. Des sabots de noires fatigues avaient écrasé le Jour. Il n'y avait plus rien...rien qu'une Ballerine aux yeux bandés qui pirouettait innocemment dans le vague absurde. Rien que le ciel, un ciel d'été, caché au fond du temps, dans une maison abandonnée.

Dans une maison abandonnée, au fond du temps, tu te tenais, les pieds sur ta valise, un peu à l'écart, comme une statue de l'Immaculée-Conception-fêlée. Tu ne regardais pas les médailles des soldats tués qui avaient fait demi-tour pour revenir s'accrocher aux branches de tes mûriers. Tu ne relisais plus tes lettres d'amour que les timbres d'hier avaient bâillonnées, fustigées. Dernièrement...tu avais jusqu'à cessé d'implorer le sarcasme du Christ cloué au faîte de la porte. C'était à peine si tu rêvais encore...

Entendais-tu le rire amer, dégoulinant du pervers calendrier, glissant doucement, continuellement sous la porte de ta chambre?...Ta chambre froide, avec ses jets d'orgasmes gelés pendant de la rouille, ses mon-songes blancs battant aux vents pires, ses fiels d'amours ruinées accrochés aux fenêtres?...Ah! tes tristes fenêtres...Sais-tu écouter le piaulement des fils d'araignées qui composent ce palais tissé d'ennuis, le crissement des vieilles hardes déteintes qui gigotent, et les râlements de nos vies jeunes, à toi et à moi, qui ont emprisonné Sibelle dans le Hangar des Hantés? Écoute...écoute de toutes tes oreilles. Depuis toujours, Sibelle, elle, souffre des morts atroces qu'inflige l'âge à ses rouges minutes. Depuis toujours, tu te tiens sur le seuil, les pieds sur ta valise, perdu dans une songerie saline.

Tu redeviens comme fou. Tu revis à contretemps. Tu revois

la douce Éphémère, qui jouait les trompettes de la vie jus-
qu'à ce que son crescendo final emporte au village un
cadavre. Il a froissé ton corps, a pénétré l'antichambre. Tu
le regardais, tu le regardais étrangler la musique, noyer ta
script-girl. Il est passé. Sans tergiverser.

À la vue de son vieil enfant, il s'est arrêté...a souri. Ta photo
s'est éclatée de rire! Et ta maison s'est écrasée, comme une
ballerine de cristal s'écroule sous les coups du balai.

*

LEBLANC, Gérald. *Né à Bouctouche le 25 septembre 1945. Publie* **Comme un otage du quotidien** *(1981) aux Éditions Perce-Neige;* **Géographie de la nuit rouge** *(1984) aux Éditions d'Acadie;* **Précis d'intensité** *(en collaboration avec Herménégilde Chiasson à la revue* **Lèvres urbaines, #12)** *et* **Lieux transitoires** *(1986) chez Michel Henry Éditeur.*

LA FIN DES ANNÉES 70

J'écris pour une vingtaine de personnes (et celles et ceux qui peuvent/veulent lire; il y a disponibilités/ouvertures) travaillant dans diverses disciplines - peinture, assurance-chômage, politique, musique, etc. - qui se rejoignent tous. Travail contre la crétinisation prêchée par les "organes" officiels. Je tente un langage *autre* qu'une linéarité maladive de la culture occidentale.

textes qui veillent tard
à l'écoute de ce qui se passe
après la fermeture des tavernes
textes-taxi à travers la ville...

Ici, j'adhère profondément au cri d'Herménégilde Chiasson: *écrire le présent.* Ou encore Régis Brun qui danse *la Mariecomo,* livre historique d'un quotidien. *Cri de terre* de Raymond Leblanc, *Acadie Rock* de Guy Arsenault. Points de repères: antidotes aux éditoriaux de *l'Évangéline* ou aux discours de "premier ministre". La vie ne se passe pas là, mais avec nos semblables, de la table de cuisine jusqu'à la rue. Le frolic et la fête comme évidence du pays.

Quand Michel Roy écrit *L'Acadie perdue,* il raconte son aliénation personnelle, projette sa mentalité (son goût) élitiste, le besoin de vivre sa maladie au Québec. Il refuse notre différence, n'étant pas arrivé à écouter le violon, une soirée de bootlegger à titre de participant, n'est pas contemporain du parc Kouchibouguac.

L'Acadie chaude s'écarte d'un discours linéaire. *On pense pas comme z-eux*, ça ne m'intéresse même pas. Sans passer le test de sang, je sais que l'Acadie ne se trouve pas à Montréal.

L'important c'est de vivre sa vie, oser un mieux-être. Les complications viennent des éditorialistes, des curés, de la police, de l'auteur de *L'Acadie perdue*, de ceux qui n'acceptent pas la différence.

des couleurs sautent en arrière des yeux
la *Bitches Brew* de Miles Davis flotte encore
la nuit s'écrit autour de la ville
les mots bousculent et disent
manière de vivre et d'apprendre
de danser sur une ligne musicale
qui nous ressemble chaudement

souffles couleurs éclats
et le rire résonnant de chanter ce lieu

la lune est acadienne dans le ciel de chez nous
réaction du corps à ses rythmes
le moment entre un beat et le suivant
que la musique traverse

*

81

/ flash
L'ÉTÉ DE PINK FLOYD /

la découverte et le détour
moments à explorer
l'apprentissage du changement
la dialectique et le yoga
les débordements de tête
j'amenais les Doors partout
la Chine frappait à la porte

/ flash

les fréquences horizontales
de deux corps accrochés ensemble
par des langues, des dents, des babines,
des bras, des doigts, des ventres, des jambes
aussi fort que les Rolling Stones
dans des églises incrédules
s'accumulent des perceptions
la mémoire en strates chavirées
les temps passés et présents
se dénouent et s'embrassent
gestations des images
dans les multiples réalités d'un corps.

*

LES GRANDS SUJETS

1.

la perte de la mémoire me suggère Paul
growing old ajoute-t-il

la mort conclut-il
ce sont de grands sujets. j'avais pensé écrire sur le premier
disque des Talking Heads (77). je n'y avais vraiment pas
pensé c'était tout simplement le dernier disque que je
venais d'écouter.

depuis une dizaine de jours je garde un journal où j'écris
les choses les plus quotidiennes: dans quel restaurant j'ai
mangé, le nombre de cigarettes que j'ai fumées, le livre que
je suis en train de lire, les phrases que j'écris pour dire que
je ne sais pas quoi écrire. permutation sur rien dire. degré
zéro de quelque chose.

2.

degré zéro de l'hiver par exemple
comme un espace intolérable
la saison morte des clichés
une histoire de fenêtre
qui donne sur la neige sale
comme un purgatoire froid
l'hiver n'est pas un sujet de poésie

3.

verre
soirée
table
plume
vide
voir
rien
cassette
musique

4.

j'imagine jaune. pour le soleil peut-être. on dit l'intelli-
gence. on dit l'illumination. on dit n'importe quoi. alors
j'imagine jaune. pendant des heures. devant la porte.
devant la fenêtre. devant l'espace vide.
jaune.

5.

je consulte le dictionnaire des symboles: "Mais cette cou-
leur des épis murs de l'été annonce déjà celle de l'automne,
où la terre se dénude, perdant son manteau de verdure.
Elle est alors annonciatrice de déclin, de la vieillesse, des
approches de la mort." je retrouve enfin mes thèmes.

Paul regarde la télévision.

*

PREMIER LIEU

cette langue que nous apprenons
dans les replis des draps défaits
cette langue obéit à des pulsions
du bleu branchées sur nos bouches
nos mains nos sexes nos cuisses
nos yeux contactent s'activent
jusqu'aux fibres d'une musique organique
dans l'essence vivante
du souffle le cerveau exsude
sous l'état des matins chimiques
de toutes les caresses ionisantes

je me rappelle les rêves sont un fleuve
déferlant sur les réseaux
de notre conscience

nous atteignons la mémoire du premier lieu
nous éprouvons cet état dans nos corps
consumés dans l'énergie pure
devenue courant repli embrasement
de cette langue que nous apprenons

*

COMEAU, Louis. *Né le 24 juin 1955 à Free Grant au Nouveau-Brunswick. Il publie* **Moose Jaw** *(1982) aux Éditions Perce-Neige. Un deuxième recueil est à paraître. Il collabore à la revue* **Éloïzes.**

MA SOEUR EST DANS LA LUNE

à Louise

Ma soeur est dans la lune.
Je lui ai coupé les cheveux.
Les gens mentent: ma soeur est très propre.
C'est elle qui fait les marées quand elle se met les
    pieds à l'eau
C'est là la portée de ses gestes et les humeurs de son
    coeur.

Il fallait que je lui coupe les cheveux.
Ses amies avaient pris la mauvaise habitude de les lui
    tirer
en criant fort d'elle que si l'étoile qui est dans ses
    yeux
n'avait pas tant d'effet qu'il y aurait longtemps
qu'elles l'auraient lynchée et laissée pour morte
aux faux médecins et aux mauvais marchands.
Les filles entre elles d'ordinaire n'aiment pas les
    sorcières.
Elles se tiraillent le balai mais ne savent que balayer.

Ma soeur je l'ai mise dans la lune et son coeur de
    cristal
ne pèse pas ses mots quand elle me tient ses propos de
    sorcière.

Et son coeur de joie ne mesure pas les éclats de rire

quand je passe ma main sur ses côtes blanches et sous
les seins.
Et son coeur de métal me sert d'armure quand les
chevaux ennemis
s'assemblent pour me livrer combat au pied de la
montagne
qu'elle a mise en feu pour nous fêter.

Quand je dors avec elle, elle passe sa main douce en
peine
dans la voie lactée et cela me repose d'être si vieux.
Quand elle se défend d'être mère elle se débat liquide
et se secoue amère et vient vers moi comme une
jument sauvage
qui rue et me mord l'épaule et le cou pour que je
retienne.
Et puis après la lutte elle s'affaisse et la neige nous
recouvre.

C'est de cette façon que l'on fait l'amour chez elle.
C'est comme ça qu'avec le temps elle a appris à
chauffer du froid
comme les graines de plantes sauvages.

C'est ma soeur qui a eu l'idée d'émigrer en formation
d'oiseaux.
Elle se disait qu'une fois plusieurs le vent la portera
mieux et elle avait raison.
C'est comme pour ses cheveux, avec cet air de garçon elle
se fâche élan, drague maquereau au grand large et se mire
seule près des îles où les hommes qui ont tout perdu, la
guettent pour l'attraper.

Ma soeur est dans la lune.

Je lui ai coupé les cheveux.
Et contente elle m'a remercié en me donnant la main.

*

LA PEUR DES TAXIS
(SOUVENIR 74)

Comme des frères de rancune.
Bâtis par les événements.
Au coin des rues sombres, sans cheval à monter de bruits.
Dans les corridors lumineux de demains, de jours affables.
Penchés en ligne comme un troupeau au lac.
Les rues étaient longues de feu.
Les queues branlaient un peu partout.
Le feu hantait l'histoire.
Les pensées fuyantes se figeaient en spasmes douloureux qu'on calmait à coup de whisky dans les cuisines résonnantes d'acide, de mal de dent, de mal de vivre et de mal de dire.
Rescapés de l'éblouissement général, se côtoyant, coagulés en plaques, comme les bleus sur un corps battu, préparant un rempart contre un courant de bruits montants. Mal de tête traité dans l'extraordinaire bruyant? On reproche de traiter le mal avec tant de prétention, de montrer les cicatrices avec tant de fierté. Le mal es-tu à la hauteur des textes?
Être vraiment, vraiment trop déraisonnable.........

La peur des taxis...

Les curieux noirs qui circulent tout le paysage en scrutant les manques. Pays monté pour le normal dans un peuple d'infimes? Peut-être pas. Troupeau de hasard rencontré dans un calcul magique.

Dans l'éloignement la peur prend consistance en geste précis de recul et se perd en travail d'hier. Se mourir sur des feuilles, impuissant à vivre un dehors décent.

Gros macaroni et bec sus les fesses.

De tasse de café à tasse de thé, de Ferré à Mc Dowell, ambiguë, le troisième côté de la médaille, se retrouver sur la clôture.

Déguisés en frères anormaux pour les biens d'une cause, jeunes toujours jeunes. Amoureux (bizarres) de cause. Réchauffés et léchés comme une viande. G'lés d'un coup sec au contact de l'air ambiant. Pas de début ni de fin, jeunes infiniment jeunes, comme les mannequins italiens, comme la carte de mode, l'eau coulait sur ta peau et moi je cantais sous le poids des raisons, chez nous les gens vieillissent.

Aujourd'hui on assainit, on nettoie et ça me fait peur et ça m'ennuie. J'aime mieux la chaleur des excréments que la froideur d'un tapis propre, et tant qu'à jouer froideur je prends l'habit commun et je me cache. C'était moi le vieux.

*

ÉTIENNE, Gérard. *Né au Cap-Haïtien, Haïti. Exilé politique il vit au Canada depuis 1964 et en Acadie depuis 1971. Professeur à l'Université de Moncton, il publie des romans et en 1983, aux Éditions Nouvelle Optique, un recueil de poésie* **Cri pour ne pas crever de honte.**

* * *

Il neige dehors. Des haïtiens esclaves, enchaînés en République dominicaine, rentrent dans ma chambre. Ils ont dans leurs vareuses des dizaines de squelettes. Des réfugiés haïtiens rentrent aussi dans mes pleurs. Ils ont des dents cassées, des bras coupés; ils portent leurs tripes dans les cheveux. Du haut du plafond s'élèvent leurs complaintes et leur sueur puante reflue vers l'impuissance grandissante de mon portrait.

De cette colonne de chairs mortes qui envahissent ma chambre se détache une vieille négresse. Le jour se rétrécit dans ses yeux au fur et à mesure que les dragons du Chef plongent leurs poignards dans la poitrine de Jacques-Stephen Alexis le Révolutionnaire. Elle refuse de livrer son système, ce ventre famélique où s'étirent les chenilles avides de sang.

Un ancien secoueur de la rosée me prend à témoin. Il danse autour d'un cercueil; il casse des sons comme si sa voix rouée de fourmis et de guêpes allait faire tomber les madriers de la maison. Alors je vomis encore une fois mon impuissance. Esclaves et réfugiés me renvoient à mes laideurs de nègre intellectuel, à tous les principes qui font de moi un magicien du verbe pris au piège des mots.

mais je hurle

mais je souffre
et la misère
et le crime
ça ça vous fait péter la cervelle
l'amour aussi
l'illusion de croire
qu'on sert à quelque chose de ce côté du monde
car ça vous fait marcher dans la honte
tous ces mots
pour les jardins de roses de la fille du roi
tous ces mots
pour les esprits vaudous du président

Donc il neige dehors
ils sont dans ma chambre
des monstres que des hommes ont créés
Et des monstres
ont dévoré ma race mon portrait
Ils ont déchiré mon âme
qui marchait à côté d'une pauvresse
Ils ont englouti les matins
non une histoire à rebours
et ils ont frappé à la porte de ma chambre
jusqu'à ce que tombe le rideau
sur la comédie des monstres

Il neige dehors
Tu sais bien Dominique
que le rêve du grand soir a germé
que notre lanterne dans les rues
les pouilleux des quartiers pouilleux
les mille-pattes porteurs d'antennes
ont coupé le courant qui nourrit le pouvoir

Tu sais bien que ce canot-là ne partira pas
Ceux qui devaient partir sont restés
un boucan à la main
pour saluer la prophétie du poète

Il neige
Une nouvelle crampe à l'estomac
me fait serrer les dents
ma cage me révolte
cette nièce qui vient de débarquer à Moncton
les os sur la peau
rien pour rattraper la réalité
diluée dans les contradictions de l'esprit
et dans ces puits de morts
où viennent renaître les Saints du Général

Il neige dehors
Ma cage se referme
lourde et sans remords

*

GALLANT, Melvin. *Né le 24 mai 1932 à l'Île-du-
Prince-Édouard, il vit à Moncton depuis 1964. Professeur
à l'Université de Moncton. Parmi ses ouvrages, outre des
livres pour enfants et des textes variés, de l'essai au roman,
on compte un volume de poésie:* **L'été insulaire** *paru aux
Éditions d'Acadie.*

* * *

paisibles
les vieilles Mykoniates sont assises
respirant la douceur de la nuit
leurs salutations sont affectueuses et loquaces
on a toujours quelque chose à se dire
les enfants qui grandissent
la vie qui s'en va
le monde qui change
les personnes que l'on a connues
que l'on a aimées
et qui sont parties
à tout jamais

de temps en temps on quitte son banc
pour entrer dans une église
allumer quelques cierges
ou encenser des lieux

l'ombre se découpe toujours
sur la blancheur des murs
même tard la nuit
sous l'oeil amusé de la lune
et les petites ruelles semblent ouvrir leurs bras
à la lumière comme aux passants

étranger dans cet univers
tu m'as accueilli
pour me donner le pain et le vin
et me faire partager
la lumière et l'amour
de ton peuple

*

tes plaisanteries délirantes
peuplent ma mémoire
si les maisons de Mykonos sont si blanches,
    affirmais-tu
c'est que Nicolaos laisse échapper de la farine
qui s'envole au vent
et se dépose sur toutes les maisons

elles sont maintenant pareilles aux grands goélands
    blancs
qui sillonnent le ciel bleu
au-dessus de nos têtes emmêlées

il était trop tôt pour t'en aller
il aurait fallu m'avertir
préparer le départ
me laisser hiberner en toi
et toi en moi

reviens
je voudrais voir passer le soleil
au fond de tes yeux
juste le temps d'une chanson
reviens

94

je voudrais encore une fois respirer
l'air salin de tes cheveux
dans la douceur d'un soir de grande chaleur
reviens
je voudrais seulement te regarder
t'écouter parler
puis te dire
des choses douces et tendres

*

PARATTE, Henri-Dominique. *Né en 1950 à Berne (Suisse). Il est professeur à l'Université Acadia en Nouvelle-Écosse. Il publie un recueil de poésie* **Dis-moi la nuit** *(1982) aux Éditions d'Acadie.*

* * *

j'aimerais savoir où je vais
si le pays où je vivrai sera un pays libre
que je pourrai dire mien

j'aimerais savoir qui je suis
quelles paroles je dois parler
j'aimerais t'aimer toute la nuit

demain, c'est toi, ou c'est moi
qui prendrons l'avion
destination RÉALITÉ dans quelque grande ville
canadienne
ou quelque petite place au bord d'un lac, au
bord d'une baie, quelle importance?
Dis-moi la nuit
jouons la corrida du RÊVE
échappons à la mort, si nous pouvons, le temps
d'une cérémonie

ici, en plein milieu de ce pays,
à la mi-temps de nos voyages

dis-moi la nuit la longue nuit la nuit polaire
celle où passer la nuit aurait encore un sens
celle où mourir à l'aube offrirait encore
tout le jus
d'un demi-pamplemousse planétaire

dis-moi la nuit
la longue nuit perpétuelle qui va venir peut-être

il était une fois un voleur d'enfants: la nuit venue, ceux et
celles qu'il rencontrait se trouvaient soudain couverts
d'une cape immense, et dans les plis, du noir sommeil
intense les prenait, les submergeait, les emmenait en bala-
de au fin fond des rêves impossibles à dire, et dont ils ne se
réveillaient plus, dont ils n'auraient jamais plus l'envie de
se réveiller, suspendus au plus noir de la douceur des
choses

dis-moi la nuit qui nous prendra
nous laissera fossilisés ou bien
complètement évaporés à force de neutrons
nous déjà neutres au coeur: ossifiés, stérilisés,
bêtes routinières
dis-nous la nuit

*

PITRE, Martin. *Né le 23 février 1963 à Robertville au Nouveau-Brunswick. Il publie* À s'en mordre les dents *(1982) aux Éditions Perce-Neige. Fait des études en journalisme et collabore à la revue* Éloïzes.

DERRIÈRE SON VOILE

derrière son voile de peau une image rétablit le jour
le muscle du sourire tend à devenir le reflet du regard
    doux
il n'y a pas de silence entre nous
tout juste l'aller vers le jour derrière les paupières
ouvrons-les
nous nous verrons sous les socles
nous porterons à nos lèvres le goût de l'autre

*

et l'autre retourne le noir des yeux sur le drôle de
    silence
il y a ici un avant que le jour porte en larmes
un poids coulé dans le souvenir massif de l'absence
avant c'était plus c'était moins désormais demain
voilà qu'il s'est détaché des libres-cours chauds
tout cela n'appartient qu'à ma nuit
dans la distance compressée du regret

*

AU CAFÉ

au café quelqu'un sent bon

la sueur s'égoutte au ras de l'après-midi
c'était l'espoir

tu recrées sans mot le grain des heures
au café la brunante à moncton au centre de

et ça coule au travers des yeux endormis nerveusement
et ça goûte le lit des peut-être que

il sera tard comme certain qu'il n'arrivera jamais
la rame au fond de la tasse
tu écoperas ses parfums pour ne pas noyer ton rire
dans la salive décaféinée

c'aura été un café à la brunante avant l'ennui amer

*

MONCTON EST TRISTE

moncton est triste moncton est down après les pluies aci-
des les nuits qui séparent les jours les morts qui s'en-
ferment dans le silence des mots mystères moncton est
down   elle voudrait   retrouver la lettre d'amour consom-
mée il n'en reste que l'enveloppe l'état de manque monte à
la tête retombe gruge les rues case à case jusqu'au carré
noir la fin le manque la mort

*

DESPRÉS, Rose. *Née à Cocagne le 7 avril 1950. Publie* **Fièvre de nos mains** *(1982) aux Éditions Perce-Neige et* **Requiem en saule pleureur** *(1986) aux Éditions d'Acadie. Elle collabore à la revue* **Éloïzes.**

*

Yeux louches du départ.
Un chien filou danse avec une lune entêtée.

Et nous, maigres coquillages, passons inaperçus
sur les routes magiques des univers flamboyants.

Le rythme reggae cogne à la porte et m'amène
rêver parmi les oiseaux-mouches. J'ignore le mal aux
poignets où des chaînes tatouaient ma peau, où les parasi-
tes infectaient les plaies brûlantes.

L'escalier mange mes pas incertains, grognant de
plaisir mauve.
Mauve comme le soleil de l'aube qui caresse à peine
la peau du visage.

*

Au macabre matin brillant, des méduses desséchées.
Vénus, reluisante d'une plongée marine, le ventre mort
enveloppé de nuit, fuit l'aube grisée. Silencieuse, un début
de geste figé, elle s'allonge sur le sable, dort inquiète, rumi-
nant les tempêtes d'autrefois, rongée par des menaces
orageuses.

Elle ressemble aux tristes enfants qui raffolent des surpri-
ses pleines d'amour.

Son visage serein et soumis déguise une prison meublée de fables, d'allusions brutales préméditées.

Et le sang commence à bouillir, son angoisse indécente se laisse emporter au rythme des vieilles Cadillacs. Sa mémoire tenace dégèle une passion échancrée, sème des lueurs, des clins d'oeil dans un miroir brumeux.

Elle croit entendre une berceuse créole.

Capable enfin de repérer le désir pyromane qui écho dans les hôtels désespérants, déjà aux sorties, le feu mijote, possède le corps dans l'inattendu où l'avenir incendie tout.

*

Un roi de pique détourne la risée des lucarnes espiègles, les invite à la déraison.

Mes mains, tiraillant la chemise de son dos, désespèrent de reprendre nos débats synchronisés.

Il parle en refrain, en candeur érotique, une poésie voguant loin de l'intrus spectral et suspect.

Brisant mes yeux aveugles, grâlant mes notions muselées, son regard joyeux flambe la table où je reste assise à l'envers sur les traces laissées par des motos puissantes.

Elles incarnent toujours une passion trouble et vivace que je reconnais.

Mors aux dents, leur convoi galactique me catapulte dans une ruée poussiéreuse, crevant les lois de vitesse.

*

En camisole de force, une aérienne, prise dans le ballet aquatique, glisse dans le fragile tourment des eaux.

L'obscurité insinuante fait la sieste, bas de nylon jusqu'au cou.

Morose, couvant des enjambées grotesques, elle défigure la saison avec ses bourrasques.

Mais mon bel Apache, même perforé de désespoir, ta grâce alimente la batterie de nos coeurs.

Braqué en symbole phallique, jouant sur les dimensions aphrodisiaques, ta courbe se pointe vers l'ouest imaginé où nous nous prenions pour des personnages importants.

Distraite maintenant, j'oublie nos conversations sur les bancs de la gare où les mouches s'emparent de peu.

*

FIÈVRE DE NOS MAINS (EXTRAIT)

Je veille une nuit de menaces; elle coupe la mèche de nos désirs et fait vaciller les reflets de nos danses insatiables. Les formes se hérissent, s'effondrent et renaissent même dans les courants occultes émiettant notre envie réchauffée.

La ville se berce à l'arôme des herbages facilitant les unions fictives que les rêves chevauchent en tragédie rebondissant dans les mémoires inertes, déchirant les voiles jaunes des transes qui siègent comme des paperasses aux archives du déracinement.

Un souffle romantique ébranle les gardiens du temple. Ils s'accrochent à la route pavée d'idolâtrie. L'heure de réclamation guette ses bourreaux et les plans détournent l'ordre hésitant qui lui sert de catapulte. Il désintègre les formules, écarte les brouillards avalés comme la pluie

dans nos gorges en sillons de terre cuite. Le temps prépare
un dialogue avec la puissance des coquerelles et la peur
rachète ses yeux des signes de soleil fendu.

*

DAIGLE, France. *Née le 18 novembre 1953 à Dieppe en banlieue de Moncton.* Publie **Sans jamais parler du vent** *(1983),* **Film d'amour et de dépendance** *(1984),* **Histoire de la maison qui brûle** *(1986) aux Éditions d'Acadie; et* **Variations en B et K** *(1986) à la revue* **nbj** *à Montréal.*

SÉRIGRAPHIE SPRINGTIME

ta bouche café
aux marais bleus égarés
entre sol vert et ciel rose

ta bouche café
aux matins bruns égarés
entre ciel vert et sol rose

ta bouche café
aux marais bruns égarés
entre sol rose et ciel vert

ta bouche café
aux matins bruns égarés
entre ciel rose et sol vert

*

SPRINGTIME No 2

fraise tropicale
attendant menstruation
et/ou tige de rhubarbe

*

SPRINGTIME Nos 3 ET 4
(ou tant pis pour le haïku)

le chat qui sportif
sur l'hirondelle qui en vain
le chant encore chaud dans les veines

la voir si belle
que dans un élan du coeur
abonder dans son sens

*

POÈMES POUR VIEUX COUPLES

i)

je voulais écrire le poème accroupi de tes cheveux
tu voulais que je défasse ta queue

ii/

quand on lira mes poèmes posthumes on comprendra
    qu'avec toi
j'étais réellement en train de prendre mon bain

iii/

peut-être qu'un jour nous mourrons vraiment
ce qui arrive alors

avoir du contrôle mais adorer les ciseaux

iv/

tu es là en train de me donner quelque chose mais le
    train s'en va

je n'avais pas cherché à t'en aller pourtant

de toute façon, à mon école personne n'a la même
    heure
alors vous pouvez jouer dans le sable si vous voulez

*

MÉDITERRANÉENNES 1

vaporeux au-dessus de sa tête l'après-midi
l'autre main sur une femme bien en chair et en noir
gorge battante et désireuse

ciel bas
immobilité classique
attendre que cela passe

lugubre et lisse comme ce qui
arrive toujours à la même heure
la mer comme la femme quand elle se lève
sans prévenir s'éloigne
muette
morte
insondable
aux olives compliquées

*

MÉDITERRANÉENNES 2

que sais-je de penser à toi
là où je t'ai aimée tu ne me connaissais pas
tes ailes (grandes) sur moi
comme des ombres inquiétantes

brouillons (brouillards)
par en-dedans quelque chose
rire ou roucouler
les mots trop personnels d'une lettre

pulsation
l'écho agile de tes pas
mes usines quand tu passes

*

MÉDITERRANÉENNES 3

chaque jour, chaque pas vers toi me terrifie et
    m'émerveille
riante et progressive
(comme si pour l'exercer il fallait exhiber sa confiance)
et trop jeune pour un coeur aussi arraché
(cette ville ne saurait être neuve qu'on a beau
    reconstruire)
j'avance, solennelle et ridicule
réclamer que tu m'aies attendue

*

MÉDITERRANÉENNES 4

sur le toit de la remise
un merle cherche par où s'envoler
(peut-être la Grèce)
lumière froide du matin que déjà
l'automne se prépare à battre les arbres en retraite

de l'autre côté de la rue la maison aux poules
à la radio Nana Mouskouri chante la vie
ceux qui ont interdit aux poules de vivre en ville
ceux qui ont interdit aux poules l'accès à la cité

ailleurs, des enfants en garderie
et de façon tout aussi concluante
une vente de débarras
(peut-être la Grèce)

*

IMPROMPTU

Ce que jadis nous faisions sagement et en douceur
nous le faisons aujourd'hui à bâtons rompus et sans conviction particulière, désexualisant tout pour effacer toute
durée, l'amour n'étant venu qu'après prendre d'assaut nos
gestes, sacralisant tout avec forces et cris, et maintenant
cela qui dure.

*

LES COEURS LONGS

Je ne savais plus comment m'esquiver de toi quand la
nuit vint me prendre dans ses bras et m'ouvrir les yeux au

silence. Et loin dans son plaisir elle m'emmena, fermant avec grâce et légèreté tous les guichets jusqu'alors entrouverts aux coeurs longs.

*

NOS FORÊTS EXPONENTIELLES

Nous nous mouvons dans l'obscurité et nous peignons en grands gestes de couleur les lumières relatives de nos forêts exponentielles. De vieux styles nous reviennent, nous faisant croire qu'ils ne nous avaient peut-être jamais quittés, et nous sommes encore et toujours ce que nous avons été.

*

LA RACINE DU PAIN

Nous remonterons jusqu'à la racine du pain le cours de nos journées immobiles de structure à en perdre quoi faire.

*

DUGAS, Daniel. *Né à Montréal le 29 octobre 1959. Il publie en 1984* L'Hara Kiri de Santa Gougouna *aux Éditions Perce-Neige. Un nouveau recueil* Les Bibelots de Tungstène *paraîtra sous peu.*

*

Je meus dans le bruit
les périlleuses torpeurs
J'aboutis en petits morceaux dans les allées claires
Mes petits souvenirs Dolby métalliques Bleus comme
    le cuivre
réapparaissent à bout de souffle
J'entends au ralenti à maintes reprises
des phrases entières
Le lieu l'heure la couleur du ciel dans les aubes précises et
les rues absentes où déferlent ceux qui s'y sont perdus au
terrible hasard

J'écris au tungstène dans la mollesse du souvenir
dans l'écho des garages souterrains et dans l'impossible
    voyage pour le sud
Je fais les chemins qui m'amènent en broussailles à la
    routine
à l'habitude
Je fais du café
Je verse le café
Je cours dans une pièce
ma chambre est une cité qui tournoie furieusement
J'ai les panneaux des restaurants
et les serveurs enjambent les meubles
Je soupçonne les gares et les aérogares
Les fanions des immeubles claquent et font des ombres
Les placards sont bondés

J'écris au tungstène dans l'intervalle constant et mesuré
du bruit jusqu'au silence et du silence jusqu'au
    battement
Jusqu'au sommeil périlleux

*

Et la lumière arrivait ici amputée
et nous visualisions quand même
Tellement plus c'était noir
Tellement plus c'était possible de voir

Les mots n'avaient plus de sens
les mains plus de sang
On appelait les quasars
et ça sentait l'Angström
dans tous les sillons de tes lignes

On appelait les pulsars
jusqu'au fond des souvenirs
dans les tentations et dans les mémoires
Et tellement plus c'était noir
Et tellement plus l'éloignement
qu'il faudrait prendre mesure
de nos positions quotidiennement
comme des pôles mouvants
comme le sel sur les sangsues
comme le pétrole en feu en nappe
quotidiennement sans jamais se rappeler

Jusqu'à ce que les derniers bibelots meurent

*

Les ombres de ceux qui sont morts rôdent sur nos

visages
Leurs tristesses qui rampent des fosses sont comme des
joies près de la mort près de la mer près des bois des
oiseaux qui n'osent crier des vents qui ne cessent de souf-
fler vers quelque infinie perdition

Nos prédictions désuètes et chastes et tous les chiens de ce
foutu pays qui n'ont appris qu'à aboyer dans les soirs
et les aurores
Nos prédictions qui parlent d'elles-mêmes dans les gouf-
fres
Nos dons de dieu qui ne demandent qu'à éclore
Nos instincts trompeurs
Notre ignorance comme une énorme enseigne qui n'an-
nonce que ce que nous sommes

Les sacrifices nos puretés insensées qui n'embaument que
nos chambres et nos animaux domestiques
ceux-là même qui mangent à nos mains
aux creux de nos mains
nos petites mains fragiles
qui n'ont à craindre des prières que des peines perdues

*

Tranquillement la pluie tombe
sur les toits des maisons
On n'en finira jamais de dormir
Et la pluie fait à force de tomber de la boue avec la terre et
les mains humides et glacées et transies par l'intérieur
les mains humides et glacées
doivent travailler pour toujours

Je les vois souvent sortir d'eux-mêmes et jouer avec la

boue
avec leurs mains glacées et transies
avec la boue dans leurs mains qui leur parle de la
    pluie et du beau temps

Je les vois maintenant fabriquer les statuettes
Tranquillement adorables
Brillantes et porteuses de l'oubli

*

Nous somme tous alignés le dos au mur et les taches
    de sang sont encore en nous
Nous voilà arrivés au bout du monde et les mains qui
    nous touchent
sont encore plus chaudes
Nous avons mangé et peut-être remué la terre
La terre est brune
comme le silence entre nos pas et le souffle entre
    toujours
Des doigts glissent entre nos côtes
pour sentir le coeur battre
Nous voilà vulnérables
Sur le chemin des arbres
Je me rappelle la même image
C'était le jour et je marche sans défense dans l'éclat d'avoir
eu vent
Et les mains qui nous touchent
nous rappellent à nous-mêmes
que les mains qui nous touchent nous touchent encore

*

Les ombres portées pareilles aux descriptions

il se pourrait que la nuit ait d'autre profondeur
Je reviens au désir en m'y abandonnant complètement
La forme intacte et scellée et la douceur d'en faire les tours
de plonger de l'abîme à l'abîme
La forme est intacte et douce j'y touche
Je parle à la forme
je suis malléable
Je me fonds à la forme qui me précède
J'ai l'ancienne empreinte pour le chuchotement
et la chose flotte dans la nuit

Il n'y a pas de noyau
seulement une vapeur un lait céleste qui renvoie les images
dures sur tout ce qui est indemne

*

BOURGEOIS, Huguette. *Née à Rogersville au Nouveau-Brunswick le 28 juin 1949. Études à l'Université de Moncton. Publie* **Les rumeurs de l'amour** *(1984) aux Éditions Perce-Neige et* **L'enfant fleur** *(1987) aux Éditions d'Acadie.*

VERS

Au loin
    dans l'immense clarté des paupières
Se dessine un chiffre
    une île numérique et sage
    un son de fifre
ou de pipeau
quelque chose d'en dessous la peau
dans les remuantes lenteurs du sang
Au loin
    et très large...

*

VOIX DE LA FORÊT

Quelle ange-main porteuse de miracle me touche au front? Moi l'ombre maternelle des fleurs. La sous-vivante des bois empierrés de la nuit. Quelqu'un s'avance parmi les ossements de l'horizon, parmi la plaine rompue de la mer. Mais c'est ma soeur, mon masque, ma servante. Entre. Assieds-toi près du feu. Vois la nuit d'une autre couleur, les ombres lumineuses, les eaux porteuses de douceur. Viens. Entre dans le feu. Que la tristesse de tes yeux s'écaille et brûle. Les revenantes d'amour dansent sur la lune. Quelqu'un vient; quelqu'un entre dans la ronde des flammes. Quelle est cette imposture? D'où me vient ce cri d'oiseau entêtant mon silence? Quelqu'un sort. Ô cette glace isolant mon coeur et mon visage.

115

CLOUTIER, Anne. *Née à Edmundston le 27 septembre 1963. Elle fait paraître une plaquette* **Popor Manne** *en 1983 et prépare un recueil de textes. Elle collabore à la revue* **Éloïzes.**

LETTRE ÉCRITE
D'UNE CABINE TÉLÉPHONIQUE

S'effectue la reconnaissance des intonations malgré les parasites sur

COMME LES CHÂTEAUX DE SABLE CRACHE
    ENTRE
like sand castles hidden between the edge
L'ASPHALTE ET LE TROTTOIR RAUQUE/FONTE/
of the sidewalk and asphalt   scratching/
BRÛLANTE/MOUVANCE-CREVER LES FLEUVES
melting/burning/flow - opening midnight
DE MINUIT LES ROSEAUX MES TRESSES BRUIS-
rivers   tall grass twined to my hair
SANTES   LES MAINS À FENDRE LA LENTEUR
rustling   hand searching slow waters
DES EAUX ENFLURE DES CHAIRS AU LIQUIDE
rising to brush liquidity: flesh   burying
FROTTIS   J'ENFONCE LES JOUES AU COEUR

**la ligne. C'est avec précaution que
j'ausculte votre voix, car je**

**désirerais effacer toute trace de ce que
vous avez déjà ainsi entendu,**

cheeks in furs murmuring of another era's
DES FOURRURES CHUCHOTEMENT DES

116

MUSCS D'ANTAN
muscs and walks through bare leathered
DE GRISES TRAVERSÉES D'ARBRES NUS ET
    ENCHE-
trees   light: a prismic fall   sunday
VÊTRÉS LUMIÈRE: CHUTE PRISMIQUE ÉBLOUIS-
blindness and silver afternoons   warm
SEMENTS DU DIMANCHE ET APRÈS-MIDI
    ARGEN-
wind licking/cat's tongue in the burroughts
TÉS LÈCHE UN VENT CHAUD/LANGUE DE
    CHAT
of my neck   like good tracing tea parties
AUX SECRETS DE MON COU COMME LE SANG
in the snow   blood: stained etymology

vous dire, enfin, combien...Je m'offre à vous

en toute sincérité, contre-citant ces paroles
d'un autre dont vous ne

ESQUISSE DES CARNAVALS SUR LA NEIGE
    SANG:
of my thighs my womb or the engraving of
RETRACER PAR LA TACHE L'ÉTYMOLOGIE
    DE MES CUIS-
your journeys and which the verso which
SES MON VENTRE OU LA GRAVURE DE TES
    PAR-
the envelope desiring to betroth the hea-
COURS LEQUEL LE VERSO LEQUEL
    L'ENVELOPPE
vings of your silences is love you pas-
DÉSIRANT COURTISER LA NOCE DE TON
    SILENCE JE

sionnément   à la folie   en tempête zébrant
T'AIME PASSIONATELY À LA FOLIE AS
la chaleur d'août en sucre filé à ma
TEMPEST STREAKING THE AUGUST HEAT AS
    COTTON

                sauriez entendre le nom. Que me répondriez-
                                vous si je vous demandais de

                plonger dans le texte comme on plonge dans

peau autant de lignes de voix que celles
CANDY SPUN SWEET TO MY SKIN AS MANY
    LINES/
dont me parlent les feuilles qui te sont
VOICES AS THE SHEETS ADDRESSED TO YOU
    STREWN
adressées et jonchent le sol autour de
ON THE FLOOR AROUND ME SPEAK OF ALL
moi   toutes muettes toutes parlant d'un
DUMB ALL SPEAKING OF A SAME LANGUAGE
    PEERING
même langage percevant multitude de
MULTITUDE OF TONGUES WE HAVE YET TO
    SPEAK
langages que nous aurons à nous parler

                le corps de quelqu'un pour la première
                                fois? Ou vice-versa.

                            *

LEBLANC, Monique. *Née à Richibouctou au Nouveau-Brunswick le 17 décembre 1960. Elle écrit le scénario d'un film* **Cap Lumière** *et publie* **Joanne d'ou Laurence** *(1987) aux Éditions Perce-Neige.*

LA FIN DU FILM

La fin du film
pour ne pas devenir ton écran
pour ne pas m'y coller comme une ventouse
en mal d'amour
je pense au dessin que j'ai vu plus tôt

à la fois avion et sous-marin
signé de jaune et taché de rouge

je songe au dessin que j'ai cru plus tôt
son emplacement,
circonflexe entre deux têtes d'amants
lèvres inférieures caféinées
ils en sont à leur troisième nuit blanche,
leur quatrième journée délicieuse
l'un avion, l'autre sous-marin
comme la fin du film

génériques de circonstance.

*

PARC PORTUGAL,
LOIN DU CONTINENT

Quinze pigeons

119

pour mes quatorze minutes à perdre
à tort et à travers le roucoulement
sans prétention
d'une petite bête parmi tant d'autres.
et j'ai l'impression qu'on s'adresse à moi

le jeune homme aussi
plus laid que beau qui s'allonge sur un banc
à l'affût et à l'écoute
des vieilles dames qui, comme des pages d'histoire
avec sac à main, passent sur la plume et le duvet
En souvenir des temps volages

c'est le sublime langage et
le terme d'affection
entre l'oiseau et l'être
et j'ai l'impression qu'on s'adresse à moi.

*

BOURQUE, Paul J.. *Né à Moncton le 17 décembre 1964. Études en Arts visuels à l'Université de Moncton. Il collabore à la revue* **Éloïzes.**

PAYSAGE

Ceci est la lecture incertaine du paysage qui nous divise. En capsule de bleu faisant tourner la terre. L'horizon se manifeste comme une miette d'information nous parlant du futur. Sur la plage de ton inconscience, l'herbe marine tremble sous le vent tempétueux, se hérisse et s'active.
Son mouvement dessine un trajet illisible, créant des hiéroglyphes verts, vert-jaunes et bleu-pâles. Le sable les couvre et les recouvre comme si on avait dû les comprendre en une fraction de seconde. Le centre d'énergie de cette région est sans point de repère: il est reparti dans l'équilibre immédiat de l'essence de ton âme.

*

HISTOIRES

Les parallèles de notre vécu se croisent parfois. On finira par dire que la dépression mène nulle part. C'est aussi bien vivre la déception comme ça. Pourtant les bouteilles vides de cette conversation nous remplissent encore. Même si je t'ai dit mille fois que l'amour ne s'analyse pas. J'ai quand même l'impression que c'est un état d'âme interdit.
Cette nouvelle piste où tu choisis tes peines d'amour le confirme. Il ne reste qu'une musique tragique dans l'atmosphère de mon esprit. Et c'est une histoire comme tant d'autres histoires...

*

Bibliographie supplémentaire sur l'Acadie et sa littérature.

Acadie/expérience, choix de textes acadiens, présenté par Raymond Leblanc et Jean-Guy Rens, Éd. Parti-Pris, Montréal 1977.

Anthologie de textes littéraires acadiens, Marguerite Maillet, Gérard Leblanc et Bernard Émond, Éditions d'Acadie, Moncton, 1979.

Portraits d'écrivains (Dictionnaire des écrivains acadiens), de Melvin Gallant et Ginette Gould; Les Éditions d'Acadie et Les Éditions Perce-Neige, 1982.

Histoire de la littérature acadienne de Marguerite Maillet, Édition d'Acadie, 1983.

Éloïzes, #9, Revue de l'Association des écrivains acadiens, numéro spécial: **Poésie caméléon,** printemps 1984.

Les cent lignes de notre américanité, Actes d'un colloque, textes théoriques et de création, Éditions Perce-Neige, 1984.

Québec français, Dossier Acadie, #60, décembre 1985, Montréal.

Les livres parlent de Claude Beausoleil, article sur la poésie acadienne intitulé **Acadie actuelle,** Écrits des Forges, 1984.

Écrivains contemporains de Jean Royer, interview avec Herménégilde Chiasson, Éditions de l'Hexagone, p. 84-88, 1985.

Estuaire, #36, **La nouvelle poésie acadienne,** Montréal, 1985.

Mensuel 25, #115/117, déc. jan. fév. 1987, **Il était une fois l'Acadie...,** Atelier de l'Agneau, Ougrée, Belgique.

Vidéo: Poésie caméléon, 60 min., réalisé par l'Association des écrivains acadiens, 140, rue Botsford, Moncton, N.-B. E1C 4X4.

Film: Toutes les photos finissent par se ressembler de Herménégilde Chiasson, 54 min., Produit par l'Office national du film du Canada, programme français/Acadie, 1986.

*

TABLE

Écrits des Forges
EN CO-ÉDITION

1- Gatien Lapointe / **Corps de l'instant: Anthologie 1956-1982**
(disque ou cassette avec livret, co-éditeur: Studio Vert)
2- Yolande Villemaire / **Quartz et Mica**
(co-éditeur: Le Castor Astral)
3- Marc Villard / **Carnage pâle**
(co-éditeur: Le Castor Astral)
4- Madeleine Gagnon / **L'Infante immémoriale**
(co-éditeur: La Table Rase)
5- Patrice Delbourg / **Embargo sur Tendresse**
(co-éditeur: Le Castor Astral)
6- Gérald Godin / **Soirs sans atouts**
(co-éditeur: La Table Rase)
7- Claude Beausoleil / **Extase et déchirure**
(co-éditeur: La Table Rase)
8- Collectif / **Poètes québécois contemporains**
(livre et vidéos, co-éditeur: Cégep de Sainte-Foy)
9- Jacques Josse / **Talc couleur océan**
(co-éditeur: La Table Rase)
10- André Roy / **L'Accélérateur d'intensité**
(co-éditeur: Le Castor Astral)
11- Bernard Pozier / **Gatien Lapointe, l'homme en marche**
(co-éditeurs: La Table Rase, Schena)
12- André Laude / **L'oeuvre de chair**
(co-éditeur: Arcantère)
13- Jean Malrieu / **Chronique du temps qu'il fait**
(co-éditeur: La Table Rase)
14- Paul Chamberland / **Phoenix Intégral**
(co-éditeur: Le Castor Astral)
15- Denis Vanier / **L'épilepsie de l'éteint**
(co-éditeur: La Table Rase)
16- Collectif / **Rina Lasnier ou le langage des sources**
(co-éditeur Estuaire)

Cet ouvrage, composé en times 10, sous la direction de
Louise Blouin et Bernard Pozier, a été achevé d'imprimer
pour le compte des éditeurs Les Écrits des Forges
et Le Castor Astral, sur les presses de
l'Imprimerie St-Patrice Enr. à Trois-Rivières,
Québec, en mai 1988.

Imprimé au Québec